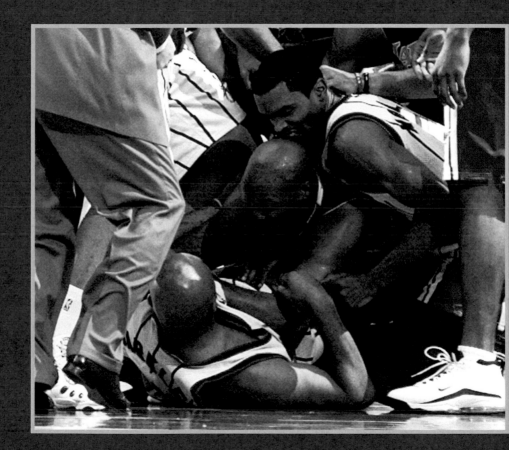

惡 漢 列 傳

小古、小鐵、Balvino——合著

推薦序
球場上的另一面

前美國職籃雜誌主編｜古硯偉

過去體育場上，我們很習慣那些光鮮亮麗的明星光環，但如同燈光下必然會有陰影，尤其在 NBA，除了正面故事與明星，奠基這項運動超過 75 年的長河，存在形形色色，如同惡棍一般的球員們。

從破敗的社會底層走出街頭，翻轉階級，翻轉自己人生的故事，過去來自街頭的貧困非裔階級，要翻轉人生，只有籃球和音樂，但實際上，真正能擺脫出身的，遠比想像中艱困，而在亮眼的鎂光燈下，總有那些形形色色，原本應該是常態，卻被認為是異類的球員們近乎被抹除，或是只能佔有偏門的版面，這似乎已經成為約定成俗的不成文規定。

自從 1980 年代，NBA 自前主席 David Stern 主政開始一掃過去 1960 與 1970 年代充斥毒品、暴力和低迷的商業價值，讓這個始終價值是位居美國四大職業運動之末的品牌，有了截然不同面貌。

在 1980 年代後的 NBA，很大程度隱惡揚善，藏拙露巧，從 Larry Bird 到 Magic Johnson，再到 Michael Jordan 主宰全聯盟，這些在過去都是貴族氣息強烈，完全有別於過去以往球星的類型，不僅成功讓 NBA 擺脫過去觀感不佳的形象，而且成功把 NBA 推向史無前例的高點。

什麼是過去 NBA 的形象？如果知道 1970 年代的 NBA 是怎麼回事，大概可以想像，1979 年 NBA 的總冠軍戰，那是 Magic Johnson 寫下傳奇 MVP 的比賽，但卻被放在半夜 D-LIVE 播出，其中很大原因是，充斥毒品、鬥毆，當時有人說這是一個「太黑」的聯盟，相較於其他職業運動，NBA 非裔球員比例佔了大多數。

「當時球員都穿著黑人的大衣大帽，我們也沒想改變這種風氣。」1970 年代最具代表性的球星之一，以反托拉斯法挑戰 NBA 棄學限制的 Spencer Haywood 說道，更嚴重的問題是毒品，包含 Haywood 在內，據說 75% 的球員都使用古柯鹼，幾乎所有當時頂級球星都在嗑藥，「我常常晚上十點半比賽結束就去跑趴，然後嗑藥嗑到凌晨四點半離開，接著去練球，那就是當時 NBA 的樣子。」

當時紐約尼克甚至推出了全黑人的陣容，在白人眼中的曼哈頓高級社區看似格格不入，但卻是街頭出身的球員唯一能翻身的機會，當然，毒品、場上鬥毆，就成為那個年代無可擺脫的形象。

但進入 1980 年之後，David Stern 大刀闊斧改造聯盟風氣，但實際上，這些出身自街頭的階級複製解決了嗎？當然不可能，即便根據統計，現在聯盟中出身自貧困單親的黑人家庭如 LeBron James 一樣的球員，已經剩下不到 10%，但那些出身底層，特立獨行，沒有被 NBA 所馴化的故事仍然吸引著我們。

如同以前的 Dennis Rodman 到後來的 Patrick Beverley、Draymond Green，在他們身上，批評從未少過，爭議從未停歇，他們標榜自己是強悍的，強調這是他們的出身教會他們的生存方式，但反對的人永遠不會接受他們的說詞。

這本書並非要頌揚這些「惡棍」，只是這些球員的存在與出身，是職業運動場上的一體兩面，也是現代籃球運動最根本的開始，如同文化探討，只是一個樣貌與歷史，從不同角度，重新審視 NBA 與籃球的方式。

CON tents
目次

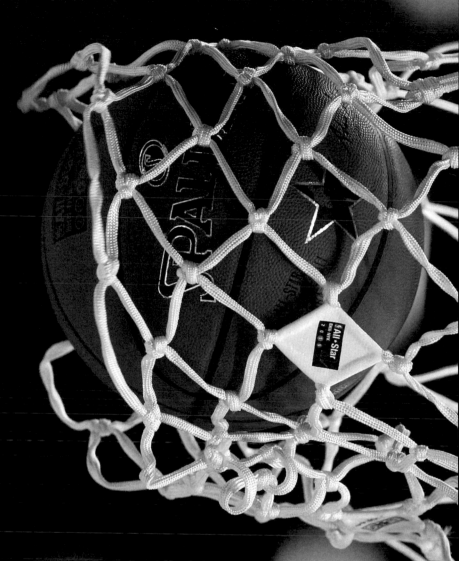

Metta
World
Peace

01

不定時炸彈。

小古

無論被稱作 Ron Artest 或是 Metta World Peace，如果要說他是近代最具爭議的球員，應該沒有疑問。

「David，我在那之後反省了很多。」Metta World Peace 在一次溜馬的夏天的活動中，對著溜馬的公關主任 David Benner 說道，「經過那次事件我學到很多。」他口中的那次事件，指的自然是 2004 年奧本山宮殿鬥毆事件，NBA 歷史上最難堪的一幕。

2004 年 11 月 19 號，當年被認為最具冠軍相的東區兩強溜馬活塞之戰季初交手，最後 45.9 秒，當時還叫做 Ron Artest 的 Metta World Peace 一個下重手對 Ben Wallace 犯規之後，雙方爆發大規模推擠，一路推到紀錄台和轉播台旁邊，Ron Artest 被架開後躺在對方紀錄台上，還一度拿起知名主播 Mark Boyle 的耳麥帶在頭上，即便溜馬當年老大哥 Reggie Miller 身著西裝出來拉住他也沒用，挑釁意味十足。

隨後一名球迷 John Green 扔了可樂杯，好巧不巧砸在 Ron Artest 頭上，他怒不可遏衝上觀眾席，混亂中他揍了 John Green 兩拳，隨後引發大混戰，Stephen Jackson、Jermaine O'Neal 也分別衝上觀眾席和觀眾起衝突，隊職員和教練團、場邊保安人員試圖阻止混亂，但越來越多球迷扔擲飲料和食物，最後比賽宣布取消。

球員和球員鬥毆在球場上時有所聞，但職業球員打觀眾，這絕對是對 NBA 形象重傷，最後 NBA 開出總計禁賽 146 場、1100 萬美元的罰款，雙雙寫下 NBA 歷史紀錄，同時改寫了 NBA 球場對於酒精銷售的限制。

「我覺得當時真的自己很糟。」Ron Artest 說自己當下痛定思痛，但他真的改變了嗎？

他說他有，在溜馬結束史上最長的 73 場禁賽之後，他曾躋身聯盟最佳小前鋒之列，強壯體格，粗暴防守，沒人敢惹的脾氣，但到最後球隊受不了他脾氣，一個交易機會中把他送到了沙加緬度，在國王時期，他說他遇到了籃球生涯如父親角色的總教練 Rick Adelman，完全改變了他的人生觀，也讓他決定做出一連串改變自己的決定，例如改名，他把自己名字從 Ron Artest，改成了世界上最有記憶點的籃球員姓名—— Metta World Peace。

2010 年他成為湖人隊奪冠班底，並且拍賣自己的冠軍戒指，募款了 65 萬美元作為醫療慈善用途，甚至還在 2011 年贏得有最佳社會貢獻獎別稱的約翰甘迺迪公民獎。

2012 年季後賽，代表湖人的 Metta World Peace 和當年初出茅廬的雷霆季後賽交手，Metta World Peace 一個抄球快攻往前扣籃，落地怒吼慶祝，誰知道突然一拐子打在從後方跑回來的 James Harden 頭上，這一幕又讓全世界譁然。

後來，James Harden 挨了這一下之後，沒有馬上退場，仍在場上呆坐了幾分鐘，隨後他回到休息室，檢查出有腦震盪。Metta World Peace 隨後道歉：「我只是一時激動，然後把手肘抬起來慶祝才揮到他，這很不幸，雷霆打得像個冠軍球隊，我希望 James Harden 沒事。」

隨後他被處以七場禁賽——儘管雷霆年輕力壯，一路闖過西區才在最後敗給熱火隊，那一下拐子有驚無險，沒帶給雷霆太多後遺症。當然沒人會相信 Metta World Peace 揮手肘慶祝剛好打到 James Harden 的說詞，而幾年後他自己翻案，說是當時看到後面有人跟上來，就順勢用手肘打下去。「我覺得後面有人在推我，就順勢拐子揮過去。」

Metta World Peace 早在 2011 年就曾說，他控制不了自己的情緒，從對人不對球的惡意犯規，甚至出言挑釁，到參與鬥毆，他說只是順勢而為，當下情緒收不住，就乾脆一口氣放出來。

對於一個從小在家暴中長大，13 歲就失去父親，15 歲失去妹妹，在紐約街頭拚了命成長的球員來說，籃球沒帶給他快樂過，更多的是為了生存下去而不得不奮力掙扎，他早在中學時代就被診斷出脾氣容易失控，更一度被老師送去學習情緒管理，他高中時代的外號就被稱作「野人（Wild Man）」，在洛克公園球場更被比他年紀還大的球員稱作是「終極戰士（Ultimate Warrior）」。

前隊友 Marcus Fizer 形容他的球風：「如果你心中有一絲恐懼，那一定會因為碰上他而被點燃。」1999 年 Metta World Peace 被公牛選到時，想的根本不是以前大學時代的得分火力，而是怎麼活下去，曾有隊友形容他「在九十四呎[1]大的牢籠中，每個人都是他的對手。」

「如果你看到我惡意犯規還一副不在乎的態度，我想那就是我又控制不住自己的時候。」他說，對於一個在充滿暴力，社會底層，缺乏安全感下長大的孩子來說，他的籃球天賦無論是以 Ron Artest 或是 Metta World Peace 之名，都是上帝太沉重又太珍貴的枷鎖與禮物。

他曾經試圖求救，但被貼上的標籤卻怎麼也撕不掉，直到老到不能打，遊走歐洲，2019 年，他推出自己的紀錄片《沉默風暴，Ron Artest 的故事（Quiet Storm: The Ron Artest Story）》，外界才從質疑他的情緒控管，知道他已經從父親過世至今，與情緒問題纏鬥幾十年。

「以前有人認為我做出那些行為，是因為需要求救，那媒體會理會我嗎？」他是個惡棍，也是 NBA 近代對於惡棍定義中，最鮮明的標籤，無論是被冤枉或是誤解，他並不理會別人的評價。

「你覺得什麼是人生的規矩？」Metta World Peace 曾說，他不後悔經歷過那些被貼上惡棍標籤的日子。「一個人要容得下別人對你那些鬥毆過往的批評，而且你也要能夠聽得進去他們覺得你是錯的。」

---

[1]　約 28.7 公尺。

Dennis Rodman

02

盡情使壞。

小古

「我是在這花花世界，活得最出名，最臭名昭彰，並且最瘋狂地享受這真實世界的人。」有人問到 Dennis Rodman 如何評價自己的人生，他如是說。

如果要論史上行為最乖張的 NBA 球員，大概非 Dennis Rodman 不作第二人想，他從 NCAA 第二級大學出道，在強調肢體碰撞防守的 1980 年代活塞隊中站穩，拿下兩座冠軍，接著開始行為脫序，滿身刺青、頭髮染上五顏六色，在整個風氣始終保守的 NBA，不僅被視為離經叛道，更是籃球史上絕無僅有的存在。

Rodman 曾經為他的生活寫下註解：「我去任何需要我的地方，我享受活在鎂光燈下，擁抱那些瘋狂而美好的生活。」這句話大概形容他球員時代的模樣再貼切不過，但很難想像的是，Rodman 自述，他學生時代曾經是一個害羞內向的孩子，與他後來的形象半點搭不上邊。

Rodman 來自一個有 28 個孩子的家庭，從小單親，他家崇拜運動明星，但從小又瘦又小，與身為當地籃球明星的姊姊們比起來，他顯得乾瘦又沒不起眼，他渴望運動天賦卻不可得，直到他高中畢業去達拉斯當地的機場工作，他曾在自傳中寫道，「以為自己一輩子就這樣結束了」，但神奇的事發生了，他高中畢業一年後從 5 呎 8[2] 長到 6 呎 7[3]，他才開始認真打籃球，然後被社區學院教練看上，進入連 NCAA 都不是的 NAIA 大學，進入 NBA 已經 25 歲。

他用自己的招牌在 NBA 站穩腳步：超越當代四大中鋒的籃板能力，以小搏大的不怕死精神，粗野又兼具細膩，搞毛對手和把對手打倒在地的強悍防守，他為當年 1980 年代末期的活塞拿下兩座總冠軍，成為籃球場上最鮮明、最次文化、最兇惡的標記。

但從鄉下地方的窮小子一夕之間翻身，其實 Rodman 內在沒變，他開始尋找認同與溫暖，在活塞時期，待他如嚴父的教父級總教練 Chuck Daly 能夠給他需要的感受，讓他行為還算受控，但隨著 Daly 在 1991 年辭職，活塞解體，他難以掌控的那一面開始顯露出來。

2　　約 172.7 公分。

3　　約 200.66 公分。

他說自己是個缺乏認同的窮小子，之所以在底特律打出成績，除了上天賜給他二度發育的天賦，更重要的是認同，就像 Daly 如同他第二個父親，John Salley 是他的大哥，但 Daly 辭職了，Salley 被交易出去了，連獨排眾議挑到他的總經理 Jack McCloskey 也離開了，更糟糕的是，他的老婆和小孩也離他而去，當時活塞 Bad Boys 的名號喊得響亮，還拍成紀錄片，但 Rodman 內心卻急速崩壞。

他曾說，在心理狀態最差的時候，他不僅喊著球隊趕快交易他，讓他離開傷心地，更曾帶著一支裝滿子彈的步槍，開著車到活塞主場奧本山宮殿附近，他思考著是否繼續活著？然後沉沉睡去，一覺醒來，他發現警察準備盤問他。

經過這一刻，他知道他該怎麼做了，他說：「我要殺死那個頂替、冒名、根本不是 Dennis Rodman 的傢伙。」從那之後起，大家發現 Rodman 的裝扮和風格開始越來越誇張，他染髮，穿女裝，說要和當時的性感女神瑪丹娜結婚，行為開始打破一般人對於籃球員最多就是紙醉金迷花錢不手軟的框架。

「我要為我自己而活，我要為自己能活得開心而活，那一刻，我馴服了我的人生，殺死了那個我不想成為的人。」他說。

從此，Dennis Rodman 與其說是一個名字，更像是一個符號，在 1990 年代的運動員，只要開始染了頭髮，掛起耳環，開始奇裝異服，就會被冠上 Rodman 之名，但無論怎麼模仿，都沒有人能真正達到 Rodman 視規則如無物的不羈與張狂。

他被交易到馬刺時，馬上就炸了休息室，他被視為幫助一向溫文儒雅的 David Robinson 的頭號幫手，結果在季後賽被淘汰時，不只罵 David Robinson 球風軟弱，還說整支馬刺就像十二月份的灰狼一樣沒有半點競爭力。

他曾說他活著，他會犯錯，但他不在意，因為他比大多數人更誠實的面對自己：「我會告訴那些不喜歡我的人，Kiss my ass。」他曾經自豪，自己勉強是世界上第五名最具名氣的人，前四名是上帝、耶穌、先知穆罕默德和美國總統 Barack Obama，但他說：「如果把我們五個人丟在街上，你會認得出來的只有我。」

以他的行事作風，如果要說哪天被關進監獄或是破產，大概沒人會覺得意外，但以 Rodman 的犯罪紀錄來看，頗出人意料，他球員時期曾有過幾樁場外性醜聞和家庭暴力指控，但最後都以不起訴簽結，要說球員生涯最大爭議，還是在活塞隊時期用肢體防守摔到日後隊友 Scottie Pippen 腦震盪和公牛時期腳踹場邊攝影記者，但除了凶狠防守和毫不矯揉造作的個性，好像也沒人覺得他犯了什麼滔天大罪。

他說他不吸毒，從不碰藥，他喝酒，喝得爛醉就像是魚需要活水中一樣自然，他猖狂，失控，但行為卻總是在自己的尺度之下，只是他很真，真到在還沒有社群的年代，他就把自己完全攤在陽光下，完全不掩飾，不造作，在外界眼中看起來像是孔雀開屏一樣的浮誇只是表象，只是大多數人看不透他的真實樣貌，即便他已經把自己最真的那一面攤在世人眼前。

他曾經去拉斯維加斯豪賭，然後在賭桌上說，他討厭金錢，一擲千金是因為他這麼做能讓自己感覺活著。有人問到他，為什麼能過得這麼自在，他說得一針見血：「因為人會躲在他們的財富、名氣和成就後面，他們無從選擇，因為他們害怕見光，害怕失去一切，他們只能選擇這麼活著，只有你夠真實，你才能活得像是你自己。」

以 NBA 標準，Rodman 是個惡棍嗎？毫無疑問。但他是最真實的人嗎？回頭來看，這也是肯定的。

Bill Laimbeer

03

生來反派。

Balvino

「如果 NBA 有在頒發『最不受歡迎球員獎』（Most Despised Player），Bill Laimbeer 可能會三連霸。」在《洛杉磯時報》（*Los Angeles Times*）的一篇文章中，負責撰稿的 Michael Wilbon 曾如此寫道。

連 Laimbeer 的隊友兼好友 Isiah Thomas 也表示過：「如果我跟他不熟，可能也不會喜歡他。」事實上，當有記者詢問 Laimbeer，如果你要扮演對手的角色來和自己對抗、會不會想揮自己一拳時，Laimbeer 也理所當然地回答：「會吧，我覺得我會。」

Dennis Rodman 在自傳中曾說，不管是誰挑戰防線，他不但會用盡方式把你給擋下來，還會用吐口水或辱罵的方式來挑釁你，讓對方心靈受創。如果在下一場比賽又遇到了同一個對手，Laimbeer 還會提醒對方：「還記得我上次是怎麼修理你的吧？準備好，我會用一樣的方式修理你。」

「大家都討厭 Laimbeer，但他在扮演這個角色時卻樂在其中。」連以怪聞名的羅德曼，都說他是 NBA 中的「異數」，就能看出 Laimbeer 是個多麼有特色的球員。但其實對 Laimbeer 來說，他只是在做好自己的本分而已。

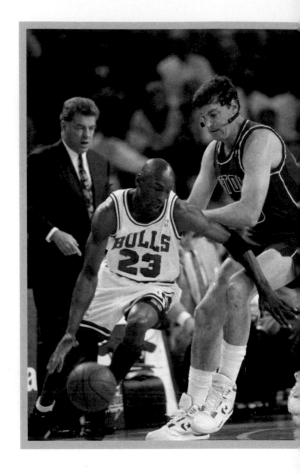

「我做我該做的事，這就是我的打法。我試著以各種方法讓對手離開球場，這就是人們不喜歡我的原因。」Laimbeer 說他很早就知道自己不會像其他球員一般飛天遁地，也早早明白自己不會成為頂尖的偉大球員，「所以我必須做好該做的事，才能在這裡生存。在對手試圖前往自己最舒適的出手點時，我會擋住他、撞他，讓他無法隨心所欲地想去哪、就去哪。」

確實如他所言，在球場上，包含 Michael Jordan、Larry Bird 等球星，在季後賽與活塞交手時遭 Laimbeer 下過重手。也因為他的惡名累累，1991 年，任天堂公司還幫他出了一款名為《Laimbeer 的格鬥籃球》（*Bill Laimbeer's Combat Basketball*）的遊戲。

不過讓受害者們更不爽的是，Laimbeer 不只動手，還在動完手後裝無辜，讓體態更壯碩結實、更不怕惹事的 Rick Mahorn 來保護自己。「他跑不快、跳不高，擋不住對手的球，所以就拿別人的身體開刀。」一位不具名的助理教練表示，「做完這些事後，他還對裁判抱怨連連。」

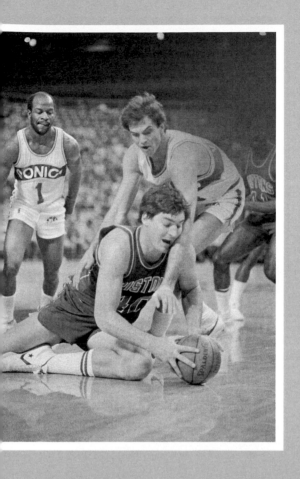

而為此最不滿的，無非是 1986-87 至 1990-91 年球季間四度與活塞在季後賽交鋒的塞爾蒂克球員。當被問及有關 Laimbeer 的問題時，幾名鋒線球員對於他都沒什麼好評。「我從小就將一句話謹記在心，那就是如果你對某人講不出什麼好話，那就什麼都不要說，所以對於他我無話可說。」不僅 Robert Parish 這麼說，在被問及同一個問題時，另一名中鋒 Bill Walton 也是一樣的態度：「你想聽聽我口中的 Laimbeer？可以啊，但這些話都見不了報。」

「哈，誰在乎？」Laimbeer 根本無所謂，「我確實會避免打架的可能性，可能會和人發生一些爭執，但都沒有真正地打起來過，所以如果有人說我是硬漢，連我自己都會覺得滿好笑的。但那又如何？別人不喜歡這種風格又怎麼樣？只要底特律的人欣賞我，我還管波士頓、亞特蘭大或密爾瓦基幹嘛？」

除了在球場上與他人針鋒相對，Laimbeer 在不熟的人眼中也不是個好相處的對象。一名記者便認為他是個聰明的人，故意把自己包裝成一個無禮與傲慢的傢伙。他曾經親眼看見 Laimbeer 刻意大聲詢問一名年輕記者是哪家報社的，並在得到答案後羞辱對方：「我不會回答你的蠢問題，你們家的報紙爛透了。」甚至就連 Rodman 在自傳中也提及，就連找 Laimbeer 簽名的球迷也被罵過「滾開」。

Laimbeer 家裡很有錢，父親的生意與事業做得很大，讓他曾感嘆一句：「我大概是唯一一個打進 NBA 後還賺得比老爸少的人。」或許由於家境富裕的影響，他從小養成了目空一切的態度，一名中學時期的隊友曾表示 Laimbeer 以前就是個有錢的自大狂。

或許也因為相同的理由，Laimbeer 對於籃球的執著明顯不若其他為了打進 NBA 翻身的球員。Thomas 便曾說，他覺得這名隊友不像自己或大多數球員一樣，把籃球當成呼吸一般自然的第二生命。Laimbeer 也承認自己只不過是把它當成一項工作，覺得它並沒什麼特別有趣的地方，也開玩笑地說過會打籃球其實是因為找不到薪水比當球員還高的職業。

這些發言，也令他在選擇退下戰袍的一刻來得既突然卻又有跡可循。1993-94 年球季，他在訓練時與 Thomas 發生衝突，據說後者一拳打在了 Laimbeer 的後腦勺上，結果反倒讓自己的右手骨折。事發之後，Laimbeer、Thomas 與總教練 Don Chaney 進行了一番激盪心靈的私下會談，讓 Laimbeer 決定高掛球鞋。在這個看似突然的決定背後，其實 Laimbeer 不僅承受背傷所苦已久，更在看著活塞王朝的樓起樓塌、看著許多熟悉的隊友與共事的夥伴離去後，也逐漸有了不如歸去的想法，最終令這起衝突成為了壓倒駱駝的最後一根稻草。

「這是一個十分困難卻又再容易不過的決定，我已經沒有想在球場上奮戰的企圖心了。」Laimbeer 說，「我心中的確有些悲傷與憂慮，但我感受到最多的情緒，其實是解脫。」

而對許多遭他修理的球員來說，聽到這番發言後，心裡感受到最多的說不定也是一樣的情緒。

Charles Oakley

別惹硬漢。

小鐵

「從我們那一區出來的球員，都會被當惡棍，我當初高中還因為錯過一班公車走路回家，就被警察當成罪犯壓在地上。」Charles Oakley 說，家鄉的球風，形塑了他的日後風格。

在 1990 年代的 NBA，那是 NBA 歷史少數強調慢攻重守，每一球都是拳拳到肉的年代，Charles Barkley、Shaquille O'neal、Alonzo Mourning 這些球員有什麼共通點？除了都是 1990 年代頂尖的強悍內線，他們每一個人，都和 Charles Oakley 在場上打過架，甚至 Shaquille O'neal 還跟他起過不只一次衝突，有人認為他才是那個年代球風最強悍的球員。

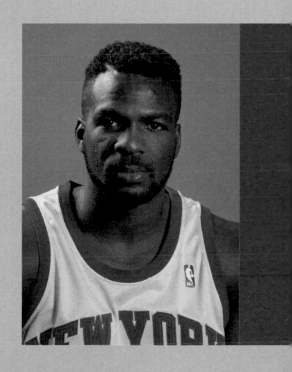

當然，他的風格不是每個人都喜歡，就像他生涯中在多倫多時被好好先生的 Lenny Wilkens 帶到，他幾度公開批評教練風格太溫和，導致球隊軟弱無力。「你知不知道以前我們在尼克都像是要拍西部片那種決心，像是拿槍上場打球？」他說：「每個人都喜歡那些吸引目光的動作，灌籃，很帥的刺青，耳環，但這把聯盟搞成一坨垃圾，這是行銷，不是比賽，他們請 37 歲的我一場打 35 分鐘，不是來當保母的。」

Charles Oakley 的強悍其來有自，他說：「我從小就居住在全美當時犯罪率最高的克里夫蘭，我爺爺告訴我，不能示弱，要強悍。不誇張，我曾經看過一個人當街被搶，然後被開了四槍，無緣無仇，我嚇呆了，我前幾天才和我哥站在同一個地方。當時我身邊還有一堆人從那時候被關到現在，有些人被關了 27 年，還有更多人前前後後不斷入獄，當時我就立下決定，如果我不離開這地方，我一定會一輩子沒辦法翻身。」

大學時，他離開克里夫蘭，去到了 NCAA 第二級的維吉尼亞聯合大學，然後打上 NBA，他離開街頭底層，但從街頭拚死拚活也要生存下來的風格，終其職業生涯，從沒變過。

退休十多年後，被問到當年最想和誰在場上幹上一架，他直接點名 Charles Barkley 和 Shaquille O'neal，他當然也不是只有和大個子幹架，他甚至被指控當年把後衛 Jeff McInnis 抓起來摔，他沒否認過自己有過那些場上的鬥毆紀錄，更從沒在衝突時跑到一邊，甚至常常為了隊友出頭。

Michael Jordan 和 Charles Oakley 早期不僅僅是公牛隊的內外線拍檔，場下也是好友，Jordan 更稱呼他是，他生涯中搭檔過最棒的隊友，連 Jordan 第二度復出，都還要把同樣高齡 39 歲的 Oakley 帶去華盛頓，帶著一幫他挑來的年輕內線，好好學習什麼叫做硬漢精神。

Oakley 說：「像我們這種出身的人，每一天都要拚了命活下去，你當然會變強悍，不怕那些衝突，有人敢動你，你沒有半點反應，你就會被別人看不起。」

他說：「我只是要對得起每一分我領的薪水，我善盡我的職責，我才不是好鬥的人，不是那種無情又大小眼的人，隊友還覺得我很溫暖，但誰在場上敢惹我，我絕對不會收手的。」

當然他不只是場上有衝突，看過那年代的球，對他球風最恰如其分的描述，大概是帶刀侍衛，如同過去替皇帝擋槍擋刀，同時幹掉每個想接近皇帝的敵人，

高大，強悍，一身宛如打美式足球防守組的肌肉，宛如就為上個世紀末的 NBA 風格而生。和他搭檔過的球員，除了 Michael Jordan，還有 Patrick Ewing，生涯末期到了多倫多，成為年輕時 Vince Carter 的護衛隊。

1990 年代的尼克，以鐵血球風著稱，但其實在公牛拿 Oakley 交換老中鋒 Bill Cartwright 之前，防守還是大起大落，一度落在聯盟後段班，直到 Oakley 來到之後，才馬上搖身一變成為東區強權，很重要的原因，在於他不怕死不怕硬幹的強悍精神，「我們這種藍領禁區苦工不會變成大明星，但我們很有用。」

唯一一次，他入選 1994 年全明星賽，那一年他數據 11.8 分 11.8 籃板，相較當時四大中鋒並無特別過人之處，但他那一年打遍大江南北，先和溜馬的射手 Reggie Miller 起衝突，接著捲入太陽隊群毆，他沒怕過，那一年他被罰了超過兩萬美元，相當於他年薪的超過 2%。

Oakley 痛恨有人在場上不拚盡全力，去搶一個籃板，去搶一個滾出場的球，有人說他才是那一年尼克鐵血精神的代表。Larry Brown 說：「我竟然找不到一張他拿到年度 MVP 的選票，他很不可思議，他用我們無法量化和解讀的方式改變比賽。」

當時的隊友 Doc Rivers 說：「在我和 Oakley 同隊之前，其實蠻討厭他的，那時候對他印象是打球很髒，但跟他當隊友後發現，想贏球沒他還真的做不到，如果聯盟有最佳綠葉獎，他毫無疑問應該得獎。」

「大家在場上都會挑那些比較弱小的對手出氣，我的責任，就是要保護隊友，有人敢攻擊我的人，我會挺身而出，誰要幫手，那個 34 號的男人會主動幫他。」曾有人在場上衝突後打給他，要他小心一點，Oakley 只淡淡回他：「我不是那種你惹得起的人。」

隨著時代洪流的演進，這種藍領也跟著走進歷史，從現在的籃球很難想像，每個球隊都要有個帶刀侍衛，不怕死地去伺候每晚對手最難纏的球星，不怕對抗，不怕衝突，直到年過 50，Oakley 去參加 BIG 3 的三對三，依然保持一樣風格，某種角度來說，他是整個時代的縮影，如同一去不復返的風格，連他自己也說，如果生在這個時代，他可能也不會如同過去一樣。

Charles Oakley 曾經惹人嫌，但也曾經受到同樣愛戴，他是惡棍，但同時也是英雄。

05

Rick Barry

口無遮攔的天才。

Balvino

1980 年，火箭隊的總教練 Del Harris 請來一位心理學家，帶領所有球員在休息室裡進行冥想訓練。這位心理學家要大家閉上眼睛，想像自己所遇到的麻煩和問題，並將它們從地上撿起來、放進袋子，接著帶著袋子走到橋邊，把它們從橋上扔到河裡。「現在看著裝著你們煩惱的包包，它們將會慢慢地沉入看不見的水深處。你們等等在我數到三的時候睜開眼睛，屆時，你們的煩惱也會煙消雲散。」

Billy Paultz 聽從心理學家的指示睜開了眼睛，但顯然心理學家的暗示對他沒有效果。「你怎麼沒有消失？」他對著 Rick Barry 如此問道。

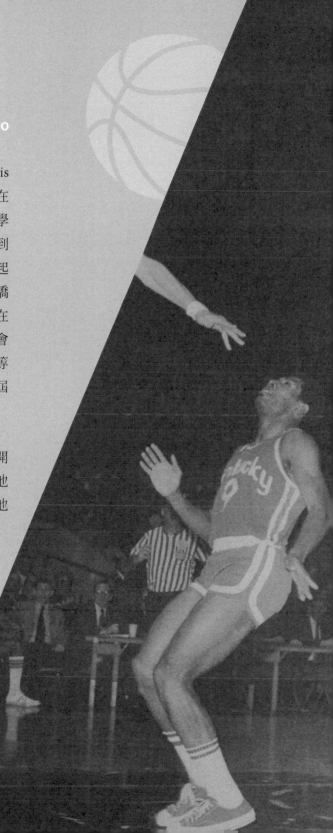

在一本 Barry 的自傳中，他曾承認自己打過修女，還被親生母親罵過是個貪婪的人。但比起這些行為，Barry 的性格在他人眼中才是更大的問題。事實上，在那個年代，光是在聯盟打了只不過七個球季就出了一本自傳，本身就是個極為自負的行徑。而也因為他的自負性格，令脾氣容易暴怒的他時常出言不遜、想說什麼就說什麼，時常激怒身邊的人。這也讓他在職業生涯結束後，不易獲得一份穩定的工作。

Barry 最經典的白目事蹟，出現在 1981 年。他和 Bill Russell 在總冠軍賽第五戰擔任球評時，主持人拿出了一張後者出戰 1956 年奧運時微笑的照片。沒想到，Barry 看了後居然開玩笑地說：「這個看起來就像個大西瓜的笑容有夠憨。」

在 Barry 說出這句話後，場面馬上被搞得非常僵。Russell 都已經氣得想當作照片上的人不是自己了、甚至轉身背對他，Barry

卻還持續步步進逼，頻頻問出「你真的不想看一下？」、「你應該會想留一張吧？」之類的失禮問題，直到 Russell 以超級冷酷的語氣回答「不要」，Barry 才停了下來。因此在球季結束後，Barry 也毫不意外地未獲電視台續約。

「這傢伙毫無社交能力，如果把他送去聯合國當官，就會引發第三次世界大戰。」與他當過隊友的 Mike Dunleavy 曾這麼說。「你絕對找不到半個球員會坐下來和別人一起討論與 Rick 相處的美好時光，隊友和對手都非常討厭他。」曾任勇士執行副總的 Ken Macker 更給過如此決絕的評語。

如果單論球場上的表現，要比靠自己扛起球隊的本事，還真沒多少人比得過 Barry。但因為 Barry 有著如此這般的行事風格，令他受到許多不公平的待遇。

2015 年，Stephen Curry 帶領勇士終結了 40 年的冠軍荒，人們歡欣鼓舞地傳頌著他的事蹟。但 40 年前，Barry 平均攻下 29.5 分、帶領 48 勝的勇士橫掃 60 勝子彈隊的歷史，卻沒多少人提起過。

1967 年，勇士以 2 勝 4 敗輸給了七六人。Barry 在 6 場總冠軍賽平均攻下 40.8 分、更留下單場 55 分的紀錄，卻不僅沒有獲得太多讚許，日後還被評為「要他傳球比要他捐血還難」。相較於兩年後平均得到 37.9 分、也在總冠軍賽落敗卻被評選為總冠軍賽 MVP 的 Jerry West，獲得的待遇可說是天差地遠。

其實如今自由球員市場能有著如此蓬勃的發展，也得感謝 Barry。經歷了許多前人衝撞體制，NBA 才得以成為當今球員能夠在合約結束後成為自由球員、自主選擇下一個去處的聯盟。或許大家看到這裡會覺得很奇怪，合約到期後、球員與球隊的合作關係便結束不是再合理不過的事嗎？但過去曾經有所謂的保留條款（Reserve Clause），這是一種即使合約到期後，球隊仍然擁有延長合約年限、約束球員行為的條款。而在當年的 NBA，只要球隊沒有放棄保留條款，

球員在合約到期後，便有一年的時間不得與其他球隊簽約。

1967 年，Barry 成為衝撞這個體制的先驅之一，他決定在與勇士的合約到期後跳槽到 ABA 的奧克蘭橡樹隊（Oakland Oaks）。但勇士並沒有放棄保留條款，因此雙方對簿公堂。最終，法庭判決勇士勝訴，而不願再替勇士效力的 Barry，便在奧克蘭當了一年的球評。

Barry 會做出跳槽的決定，純粹是因為當時在橡樹隊執教的教練不僅是他的大學教練、更是他的岳父。而這件事對日後的自由球員市場，也產生了深遠的影響。然而不僅是當時，就連現在，都還看得到有人認為 Barry 是為了錢才背棄老東家，但雙方出的錢其實一樣多。因此既然賺到的是一樣高的薪水，那想做什麼就做什麼的他，當然想去能讓自己更快樂的地方。只不過諷刺的是，在 Barry 終於恢復自由之身時，橡樹隊也已經換了一位新教練。

而為何如今他的豐功偉業被世人遺忘？原因只有一個，就是不管是和他同隊的隊友、和他共事的工作夥伴，喜歡他的人都寥寥可數。Barry 對才能平庸的人毫無耐心，只要隊友出一點錯，就可能惹得他勃然大怒。與他在勇士當過隊友的 Robert Parish 便指他總是狗眼看人低，另一位隊友 Phil Smith 也說他對每位隊友都頗為苛刻。因此很少有人願意把他的名字掛在嘴邊，更遑論是讚美了。

Barry 曾經承認，自己的為人處事就跟混蛋沒兩樣，大嘴一張便讓許多傷人的話脫口而出，難怪很多人會討厭他。但他也認為，很多人與自己素未謀面，便只憑先入為主的印象而對自己懷有仇恨，這某種程度上令他覺得很可悲。有一次，當他想去勇士尋求一份教練職缺時，居然聽聞當時的某位高層表示：「要讓 Barry 來勇士執教？等我進棺材再說！」

雖然表示自己並不擔心人們是否喜歡他，畢竟和他熟的人都知道他真正的為人。但 Barry 也直言這些旁人對自己的刻板印象，或多或少都造成了無可挽回的傷害。只不過，或許就連他自己，也沒辦法全盤剖析他的每項行為背後有著什麼動機就是了。

一根腸子
直到底。

小鐵

球風剽悍、直來直往、舌粲蓮花，
當提到 Charles Barkley 時，從正面
角度的確有這些說法，但換個角度
來說，橫衝直撞、口無遮攔、嘴上
不饒人，卻也的確是老巴的行事風
格，一體兩面，無法隱藏。

從小父母離異，Barkley 在媽媽和
外婆的照顧中長大，而生長在原本
就不是什麼富裕環境的阿拉巴馬
州里茲市，在家長忙著打工賺錢之
餘，Barkley 儘管得到關愛，但要
說真正受到完整且嚴謹的家庭教育
無疑是空談，相較於其他 NBA 球
星多半都從小就展現出運動天賦，

Charles
Barkley

Barkley 完全不是這麼一回事,他是不安分,但他只是整天在街上遊蕩,是個愛吃的小胖子,腦袋算是機靈的他,不時在商店偷些零食,這個壞習慣直到他上了中學都沒改,直到有一次被警察埋伏追捕,差點就被警察抓到,人生第一次體會「逃跑」的 Barkley 才稍微想要投入其他重心發展、不再遊手好閒,於是他稍微找到了一點興趣,走進籃球場。

然而 Barkley 高中才長到 5 呎 10 吋(177.8公分)時,體重就重達 220 磅(約 99.8公斤),而更誇張的是,高中時的 Barkley 可能還不算胖的,大學時的他 6 呎 5 吋(195.58 公分)、超過 270 磅(約 122.5公斤),卻還跟七六人賭氣繼續吃胖,這樣我行我素的風格,儘管不影響七六人在 1984 年首輪第五順位選他,但這種種寧可和球團賭氣的態度,註定了他不會是循規蹈矩、讓人安心管理的球員。

也許 80 到 90 年代禁區激烈的搏鬥風格正合 Barkley 的意,但早在 1984 年奧運國家隊甄選會上就和教練團起衝突的 Barkley,進入職業之後只能用「麻煩」來形容。在七六人時期,他會是 Julius Erving 和 Larry Bird 口水戰中,幫老大

哥 J 博士出氣的保鑣，會在和活塞硬漢 Rick
Mahorn 糾纏時吃了悶虧就馬上大動作推回
去，但後來 Mahorn 轉到七六人，當他和
Bill Laimbeer 整場糾纏後，Barkley 又力挺
隊友，直接對 Laimbeer 出拳引爆衝突，就
連身為「壞孩子」頭號打手的 Laimbeer，
提到 Barkley 如此充滿攻擊性的風格時也冷
笑著說：「我知道我們是什麼球隊，有時
候我們可能懶懶的，就是需要這種人來對
抗我們，讓我們知道自己該怎麼做。」言
下之意顯然相當「歡迎」Barkley 持續這樣
挑戰自己。

Barkley 當然不只造成一次衝突，網路上把
「Barkley」和「Fight」等關鍵字放在一起
搜尋，就會找到各種格鬥場面，當他碰上
風格剽悍的禁區護衛代名詞 Charles Oakley
時，會一巴掌打在 Oakley 臉上，兩人發生
過不只一次衝突，打到 Oakley 多年後還
會說「沒人喜歡 Barkley」；他在知道要用
犯規阻擋 Hakeem Olajuwon 時，硬是一拐
把歐天王撂倒在地，馬上和助陣的 Vernon
Maxwell 起衝突；更不用說近年最為人知
的事件，1999 年 11 月 10 日 Barkley 不滿
Shaquille O'Neal 在裁判響哨為死球後還推
了他一把，直接把球砸在 O'Neal 頭上，兩
位名人堂球星霎時扭打在地上互相出拳。

球場上的衝突已經不在少數，更糟糕的是 Barkley 還把衝突延伸到場外，1991年 3 月 26 日，當天七六人作客紐澤西籃網主場，當時七六人儘管已經不是 80 年代初的冠軍強權，在 Barkley 帶領下至少也是穩進季後賽，而籃網當時已經連四季低於 26 勝，當年也不樂觀，但七六人整場比賽就是打得很不順，Barkley 也悶了整場。

場上不順已經讓 Barkley 一肚子火，他又聽見場邊有個球迷不時對他大開嘲諷、垃圾話不斷，Barkley 當然是垃圾話高手，可是此刻他斷線到不想只用罵的，終於找到一個機會讓他回頭就吐了一大灘口水，但這灘口水沒有吐在整晚對他咆哮的男球迷身上，卻全吐在當天不過被爸媽帶進場看球的小女孩身上，頓時引發軒然大波。

當下氣到吐完口水就走的 Barkley，隔天才知道事態嚴重，為此他遭到聯盟禁賽、罰款，同時也親自登門拜訪女孩與他的家人，Barkley 的誠意的確打動了女孩一家，事後並未有太多追究，而 Barkley 也曾自述這個口水事件對他影響很大，「我當時真的太失控，面對比賽時把自己搞得太緊繃，即使比賽再激烈，我都應該冷靜一點，我無比渴望贏球，痛恨輸球，但逼自己太緊絕對沒有辦法讓我正確思考。」但前述 Barkley 許多衝突事件都在 1991 年之後，甚至他在 1992 出征巴塞隆納奧運時都會在夢幻隊擺明可痛宰對手後還是出拐子，所以這些懺悔之詞的效果恐怕很有限。

場上的激烈衝突之外，Barkley 嘴上不饒人的作法是否適當也見仁見智，有人說他叫妙語如珠，某種程度上他也的確很做自己、有話直說，他有些名言的確不失幽默、有其娛樂性，但有的言論也讓人捏把冷汗。比如當 NBA 在 1980到 1990 年代持續放大球星影響力的時刻，Barkley 卻會直言「我不是來當球迷們榜樣的」；當他在 1992 年奧運賞給安哥拉一次過肩摔後，他的回應是「下次我會找個比較有肉的人」；當 1997 年他在一個酒吧裡和另一個顧客起了衝

突，Barkley 直接把對方拎起來丟出窗外以至於吃上官司時，法官問他是否後悔，他卻說「我後悔的是只在一樓」。就現代流行的迷因哏，這些話看起來讓人好笑，但以當時來看，Barkley 倒也「言出必行」，沒打算做什麼榜樣，而總是充滿攻擊性。

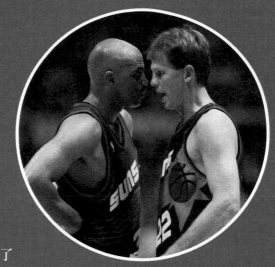

再回溯到他童年的生長背景，除了父母離異外，他出生在白人較多的區域、就讀小學時還是該校第一批有色人種的入學生，也許正因為不算溫暖的童年與小學的種族問題，讓他總是基於防衛心態，但他在場上總因不容被侵略而出手、在場外不想嘴上吃虧而開嘲諷的風格，也不免讓他得到些許負面評價。

從高中時被校隊拒絕的小胖子到以小號禁區身材肆虐 NBA 戰場、還能拿下籃板王、年度 MVP、最終入選名人堂，Barkley 在球場上的成就的確值得尊敬，而他退役以後坐上轉播台，以他敢言的風格脫口不少佳句或是犀利的評論，也的確稱得上走出另一片天，是球員退役之後仍有不錯發展的實例。但他在球場上的確不是什麼溫文儒雅的好好先生，技術上充滿侵略性、積極對抗，對人對事講好聽叫做自己，講難聽就是目中無人、從不迴避製造衝突，雖然他算是一直用自己的機智、能言善道而逐漸洗白，但孰優孰劣，在每個看過他言行的人心中自有公道。

07

Bruce
Bowen

攔路惡狼。

小古

「我從不稱呼別人打球很髒，因為我最明白被稱作打球很髒的球員是什麼感覺，所以我絕對不會說一個球員很髒，我是很拚，我才不髒。」Bruce Bowen 說。

對於 Bowen 的那些經典鏡頭，相信有點資歷的球迷都不會陌生：他埋 Vince Carter 地雷不只一次，還讓一向好脾氣的 Carter 怒氣沖沖，追著 Bowen 準備對他飽以老拳；當他飛撲到外線防守，煞不住腳步時直接飛踢一腳踹向 Wally Szczerbiak；他趁 Amare Stoudamire 背對他扣籃的時候一腳朝跟腱踢下去；防守 Ray Allen 時直接用摔角技巧「曬衣繩」打向 Allen。

他髒的不只防守，連進攻小動作都是一絕，Steve Nash 對他亦步亦趨緊貼防守，結果只見他一個箭步靠上去，大腿直接朝 Nash 鼠蹊部上一抬，只見 Nash 下一秒立刻彎腰，因為 Bowen 朝 Nash 重要部位踹了上去。

「誰不想要人見人愛？可以當乖乖牌，誰會想被討厭？」Bowen 說，他從小生長在失能家庭，爸爸是不工作酒鬼，媽媽是毒蟲，要靠 Bowen 小時候送報紙拿錢回家給爸爸，Bowen 在送報紙過程中，還要幫媽媽送毒品。他 13 歲那天，回家發現電視沒了，因為他媽媽把電視拿去賣了，把賣來的錢拿去換古柯鹼，最後是他叔叔看不下去，收養了 Bowen，他才第一次可以心無旁騖上學。

聽過 Bowen 受訪或擔任比賽講評的人，大概某種程度很難把他和他場上的風格連在一起，鏡頭前面的他講話井井有條，即便稱不上絕頂聰明，但絕對算是思緒清晰，邏輯清楚，而且文質彬彬，但只要理解他的生長背景，大概不會對他的反差感到意外。

高中時代的 Bowen 是當地明星，後來
進入小學校 Cal State Fullerton，然後選
秀落選，去法國乙級和美國次級聯賽
CBA，總共打了四年，才第一次有機會
叩關 NBA，對他來說，好與壞，是與
非，那是教課書上的教條，從小生長在
那種龍蛇雜處的社會底層，上了場就有
如戰爭，他知道自己沒有足夠天賦和資
歷成為進攻端的超級巨星，他很認分地
找到自己生存的價值：防守，只有防守
不會失常，只有防守可以讓他從歐洲到
美國，一直視為生存武器。

鏡頭前的 Bowen 總是西裝筆挺，即便
退休多年又年過半百，但身材仍然沒有
半點走樣，就如同他的職業生涯那樣，
1980 年代，年幼時期的他在西岸底層社
區長大，並且接觸到籃球，當大家看到
的是 Magic Johnson 和 James Worthy，
只有他看著的數據毫不出色，而且終其
一生都是配角的 Michael Cooper，那是
屬於他的角色，還要終其一生拚了命才
拿得到那個位置。

Bowen 是那種會為了一點點機會，拚了命去生存的球員。他 9 歲時住在叔叔的寄養家庭，想買一顆球，卻缺了一美元，他 20 歲的表哥 Quinn 看到了，主動幫他埋單，但 Bowen 告訴他，他會想辦法還他一美元，直到一年後，他兌現承諾。Quinn 說：「在我們那環境，一個不小心孩子就走偏了，但他從十一歲開始就知道自己該做什麼，該怎麼用他的方式生存。」

「我是個很有侵略性的球員，我才不為我做過的事情後悔。」Bowen 說：「你絕對不會聽到我說，『我沒幹過那個防守』、『那只是誤會』，做過就是做過，我做我該做的，我身為馬刺球員，執行 Gregg Popovich 賦予我的任務，守死對方，以此為榮。就像 Popovich 才不會和媒體說『我準備跟你們變成好朋友』這種話，我上場才不是為了讓別人覺得我人很好。」

「實際上是，有人說我埋地雷，但 NBA 埋地雷什麼時候少過了？但因為我是Bowen，所以就被貼上標籤？我才不買這單。對我來說，ZaZa Pachulia 那樣埋地雷對付 Kawhi Leonard 才是真的不應該，規則上你必須給進攻方落地空間，他連無球球員都不給。但我會不會說他很髒？才不會，那是他表現他積極的方式。」

仔細看 Bowen 的打法，無論進攻或是防守端，他很不起眼，有人分析過，他在馬刺永遠不會和持球者在同一邊，永遠待在弱邊，伺機觀察，底線三分，空手切，就像他小時候在西岸街頭，一個瘦長的孩子，永遠觀察下一步機會在哪，然後找到自己生存空間，無論街頭和球場，對他來說生存就是生存，無關對錯。

「對我來說，血濃於水，才不是什麼好事。」Bowen 回憶他一生，他離開原生家庭之後，從他高中成為地區明星，生父生母就時不時糾纏，直到上了大學，到海外打職籃，到他打進 NBA，一路糾纏到聖安東尼奧。他的人生很簡單，不論方法，生存下去。

他從底層一路拚,直到 NBA 才被同樣不計較出身。重視體系的總教練 Pat Riley 和 Gregg Popovich 看上,他們在乎 Bowen 帶來多少貢獻,他們不缺明星,但要不計較場上得分多寡的綠葉。髒?他們也不在乎。

Gregg Popovich 曾在 Bowen 被批評防守太髒時,為子弟出聲,「那些只是弱者對到 Bowen 的懦弱表現,聯盟想找遮羞布,我告訴 Bowen,你儘管展現 Bowen 該打的風格,你就是全聯盟最好的防守者,你才不需要改變你的防守尺度。」

比起真正場上滋事挑釁幹架的惡棍,不難發現 Bowen 更像是軍人特質,忠實執行命令,沒有罪惡感,不在乎道德標準,只是執行命令,他的出身造就了他一路上別無選擇,想打上 NBA?拚了命去防守,想在聯盟生存?比不上別人能飛能扣?那就拚了命去招呼對手,直到他站穩腳步,變成人見人怕為止。

Bowen:「當別人可以安逸在舒適圈,從他們認為的客觀角度品頭論足,認為你該怎麼做,但當下的我,就只能這樣幹,我才不只對 Vince Carter 和 Ray Allen 這樣防守,我對每個人,無論大小牌,無論全明星或是菜鳥,我的防守態度都一樣,如果你覺得我髒,我聽了不舒服,但那是你的觀點,如果你這麼認為,就這樣吧。」

08

Latrell
Sprewell

鎖喉養家人。

小 鐵

如果不是當時刷新了 20 年紀錄的最嚴重禁賽令，Latrell Sprewell 從低順位中選卻早早綻放光芒、甚至生涯第二年就衝上年度第一隊的成就，很可能會成為值得稱頌多年、作為後輩典範的故事，但在那一起驚天動地的傷害事件後，儘管他還是出現過兩次締造聲量的生涯亮眼之作，卻再也無法讓人忽略他性格裡的乖戾、不受控與最終會被球團放棄的種種理由。

的確可能和求學時父母離異有關，但顯然不是在嚴格家庭中成長的 Sprewell 個性其實有些內斂，和他在球場上的外放不太相稱，只是也許和許多因家庭教育欠缺而在球場上尋找到自我的悍將一樣，他們必須依靠這種強悍的方式來建立自我認同、並保護自己想保護的人事物。不過，也正因為這樣的個性，他在球場上有多麼張狂，球場下就有多麼不想被侵犯，而這就是當初「鎖喉事件」發生前，P.J. Carlesimo 最終讓他理智斷線的理由所在。

「我不願說太多，但我只會告訴你 Carlesimo 不是一個好相處的教練。」── Isaiah Rider

也許從後來的觀點來看，顯然也有些個人問題的 Isaiah Rider 對他人作出的評價，可能不見得值得全盤採信，但是對那時候的 Sprewell── 至少把 Rider 當成好友的 Sprewell 來說，自己好友口中說出來的評價絕對有一定可信程度。而 Sprewell 不過在勇士進入第六年生涯，Carlesimo 已經是他的第四個總教練，不論勇士是否覺得這四個教練的差別只是循序漸進的風格轉變，但是從剛開始的 Don Nelson 到現在眼前的 Carlesimo，對 Sprewell 來說已經是非常明顯的差別。

鬼才般的 Nelson 時常做出超脫框架、被傳統派視為邪魔歪道的決定，但這種勇於改變的性格也讓 Sprewell 一出道就得到機會並大鳴大放，和 Nelson 相比，堅持以嚴謹風格治軍、個性強硬保守的 Carlesimo 就像是個只想對

孫悟空猛念緊箍咒的唐三藏，Sprewell 因為他的狂放不羈、無所畏懼在生涯初期一砲而紅，他的不拘小節、我行我素卻被 Carlesimo 視為漫不經心、破壞規矩。Sprewell 始終認為已經到職業等級，訓練、比賽都能有些許彈性，這些想法卻處處挑戰 Carlesimo 的底線，兩人在球隊裡的關係從第一天就非常緊張。

隨著勇士在 1997-98 球季開季戰績低迷，上下氣氛都不好，Carlesimo 又總是對 Sprewell 沒什麼好話，終於在 12 月 1 日的練球中，Carlesimo 再把 Sprewell 的一次傳球失誤上綱到散漫、沒對球隊用心，情緒徹底失控的 Sprewell 也許初衷只是想表達他「不想再聽到這些無的放矢的指責」，但這些意見是在他手臂緊緊勒著 Carlesimo 的脖子時說出來的。

事件是從 Sprewell 終於回嘴、和 Carlesimo 互嗆開始，但越演越烈難以平息，直到隊友真的意識到 Sprewell 似乎真的發狠在勒緊 Carlesimo 的脖子，才趕忙架開兩人，甚至後來 Sprewell 還從體育館外再折回球場，狠狠揍了 Carlesimo 一拳，才在隊友和助理教練的拉扯中離開案發現場。隔天勇士成了 NBA 的焦點球隊，但各界關注的不是他們怎麼預備在下一場的對手騎士手中止住開季的頹勢，而是如今當家主力和主帥已經完全撕破臉，接下來兩造到底要怎麼解決。

畢竟是主要的出手攻擊者，NBA 主要的開罰對象是 Sprewell，原本開出 10 場禁賽，但勇士直接發出聲明終止了 Sprewell 剩餘三年的合約，並向聯盟上訴，後來 NBA 加重禁賽期限為一年，在 Sprewell 方提出仲裁後，NBA 將一年禁賽縮短為禁賽至 1997-98 球季結束，但這總計 68 場的禁賽也大幅超越 1977 年 Kermit Washington「The Punch」受罰的 26 場禁賽，成為史上最嚴重的禁賽令。

勇士的「上訴」並非意氣用事，又或者該這麼說，Sprewell 的衝動也不是突發事件，如前述個性乖戾的 Sprewell，早就在勇士不只鬧出過一次事件，在 1993-94 球季，也就是 Sprewell 大放異彩、闖進年度第一隊的球季，他就曾在

練習中「以小搏大」和身高相仿但比他重 60 磅的替補前鋒 Byron Houston 大打出手，而在 1995 年，Sprewell 又和隊友 Jerome Kersey 發生衝突，他甚至帶著木棍找 Kersey 咆哮、威脅下次會帶著槍對準 Kersey，再對照這次鎖喉事件 Sprewell 先是勒緊 Carlesimo 的脖子 7 到 10 秒、事後再返回球場出拳的行徑，完全可以想見對勇士來說，Sprewell 的暴怒不只曾有過前科、而且每次出手都不會善罷甘休。

當事件已經嚴重到球團直接終止合約、徹底把 Sprewell 當成「毒瘤」時，這個負面標籤就已深深貼在 Sprewell 身上，而 Sprewell 並沒有在這段時間內沉澱、或是避風頭，在禁賽期間他甚至再度惹事。1998 年三月，他在加州被起訴，原因是他在高速公路上違規駕駛，想要在下交流道時迴轉，進而造成他和別的車輛相撞、導致兩人受傷，為此他必須再服三個月的居家監禁。

Sprewell 結束禁賽刑期後，被勇士交易到尼克，轉隊後的他曾在 1999 年尼克的「老八傳奇」與後來再轉到灰狼隊的 2003-04 球季幫助灰狼奪下西區龍頭，算是生涯兩波高峰，但 2004 年他拒絕灰狼的延長合約，以「我有家要養」尋求更高的薪資未果，以致於 2005 年後就再也沒有 NBA 球隊給他機會。然而他的戲份還沒完，2006 年 Sprewell 被一名女子指控，在他的遊艇上和該女子發生性行為時施以暴力，雖然 Sprewell 因配合調查、最終以民事賠償做結，並未上訴至刑事訴訟，但仍再讓他留下一段惡名。

即使生涯在起步階段就有點機運，Sprewell 的竄紅仍可視為值得尊敬的成績，然而他始終不算受控，也許鬼才般的 Nelson 會買單，但多數情況下都是遊走法律邊緣，「鎖喉事件」讓他直接成了惡人代表之一，而從其他事件可以得知這並非偶然，而是 Sprewell 的個性真的有其盲點，儘管他的確有讓人羨慕的天賦，但這些球技以外的惡行，終究讓他無法作為球員的典範，只能如流星般短暫閃耀而已。

Rasheed Wallace

09

DETROIT
36

我行我素。

2004 年總冠軍賽，西區代表是星光亮度爆滿、「F4」帶頭的湖人，手握當今聯盟最強雙人組合 Shaquille O'Neal 和 Kobe Bryant，另二星是生涯成就無須多言、只差冠軍圓夢的 Karl Malone 和 Gary Payton，面對這樣強大的對手，賽前沒有多少人看好季中才努力補強、苦戰後才在東區突圍的活塞。但也正是因為如此，最終活塞 4：1 獲勝、第五戰甚至一路領先，沒有給湖人多少機會就關門的結果震驚了世界，堪稱近代最大總冠軍賽冷門。

看起來樸實無華的汽車城大軍一時雞犬升天，從未入選過明星賽的 Chauncey Billups 成了低調的紫實領袖「Mr. Big Shot」、欠缺三分火力的瘦子 Richard Hamilton 被譽為聯盟最佳無球跑位中距離射手，就連季中才加入的 Rasheed Wallace 都成了力抗 O'Neal 有功、防守實力被大幅低估的隱形功臣。

成王敗寇之事自古皆然，但一瞬間，Wallace 過往的黑歷史彷彿一筆勾銷、再也沒人提起，當然活塞是為了在季中添加戰力才買進 Wallace，但他之所以成為市場上可取得的標的物、在加入活塞之前等同於被「放逐」到老鷹後才被活塞換到手的故事，卻也好像因為這座冠軍而讓人忘記，才是更顯諷刺的事。

說天份，絕對沒人否認當初在名校北卡大威風八面、在 1995 年選秀會諸多同類型球員競爭下還能以首輪第四順位被子彈選中的「Sheed」天賦異稟，人高馬大標準禁區身材、卻不笨重、甚至有些外線手感。但他在菜鳥時期就搞出麻煩，當時已和 Wallace 分手的 Chiquita Bryant 向警方報案，控訴 Wallace 對她的施暴，最終 Wallace 雖在訴訟後免於更嚴重的判決，但一年緩刑和社區服務等基本後果，也說明了這些指控絕對不是空穴來風。

當時子彈正處在要更改隊名的階段，主因是地方居民認為「子彈」之名蘊含暴力意義，當球隊都有這方面的顧慮，更不能容許陣中有其他滋事份子，因此不論是否真因為位置重疊而要補強戰力等需求，總之當初高順位選進的 Wallace 只在子彈待了一年就被送往拓荒者，換得善於穿針引線的控衛 Rod Strickland，這筆交易後來算是成功的，在球隊名為「子彈」的最後一年，他們終結了 8 年季後賽荒，只是在首輪面對王者公牛時，只打了三場就被橫掃淘汰。

而轉往拓荒者的 Wallace 依然故我，他的確因為技術進步、上場時間增加而數據上揚，拓荒者那幾年積極補強，成為陣容深度雄厚的西區強權，年紀、天賦都比較讓人期待的 Wallace 的確被視為球隊頭號主力，但是就算有人會說 Wallace 做自己、直性子，卻無法掩蓋他就是不時會在場上惹出麻煩、成為不定時炸彈的事實。而這些事件，在 2000、2001 拓荒者最有雄心壯志卻老是不敵湖人、無緣闖出西區之後，一個個變本加厲地出現。

在球場上，Wallace 已經是裁判重點懲罰的對象，他在 1999-2000 球季先以單季 38 次技術犯規寫下聯盟紀錄，隔一年再以 41 次技術犯規刷新自己的紀錄。Wallace 的確有些動輒得咎的偶發事件，例如他有一次被裁判 Ron Garretson 吹判單場第二次技術犯規而被驅逐出場，原因僅是 Garretson 認為他已經警告過 Wallace，但他仍認為 Wallace「兇惡的瞪著他看」；但多數情況下，Wallace 總會很直接的「向裁判表示對判決的不滿」，這就觸犯了許多裁判的原則，這些誇張的技術犯規紀錄由此而生。

除了幾乎和他畫上等號的技術犯規以外，在拓荒者兩度積極爭冠未果後，戰績慢慢下滑，更糟糕的是全隊各種狗屁倒灶的場外事件從沒少過，出的包多到輿論以「Jail Blazer」為嘲諷球隊的別號。身為球隊領頭羊，Wallace 在這些「Jail stuff」也「以身作則」，技術犯規只是小事，一直有吸食大麻傳聞的他，在 2002 年真正因持有大麻而遭到起訴，同樣有大麻前科的隊友 Damon Stoudamire 則是他的「呼麻好友」。就在被起訴後沒多久，Wallace 又和球迷發生衝突，而且因為他試圖攻擊球迷，等同觸犯了 NBA 重要的戒條，再收到一張罰單。2003 年，Wallace 被警方逮捕，原因是他在道路上的危險駕駛，而且警方一查之下才發現，Wallace 竟沒有幫自己的賓士車投保汽車保險，加上種種罪名，這位知名球星的駕照遭到吊銷，然後在同一年，他又因為恐嚇裁判 Tim Donaghy 而遭到聯盟禁賽七場，各種無關球場的事件導致 Wallace 無法上場替球隊貢獻的消息時有所聞。

而最讓人感到不解、真正無法護航、最終導致球隊決定放棄 Wallace 的事件發生在 2001 年。當時拓荒者進行到例行賽倒數第二場，面對後來他們在季後賽首輪會遇到的衛冕軍湖人，拓荒者最終以 5 分之差落敗，而真正糟糕的消息，是 Wallace 在場上和隊友 Arvydas Sabonis 發生衝突。

當時的情況是，Sabonis 和湖人王牌中鋒 O'Neal 在爭搶籃板中糾纏而被甩開，導致 Sabonis 打中 Wallace，該季稍早 Wallace 也曾在意外中和 Sabonis 碰撞而瘀青，以至於他對這次又和 Sabonis 擦撞有所不滿，在死球時直接和 Sabonis 吵了起來，甚至把毛巾甩在老前輩臉上，Sabonis 雖看過大風大浪，在場上沒有引發事端，但回到休息室後，挑明告訴隊友「我會殺了這臭小子」，讓所有隊友當天都戒慎恐懼，避免大戰爆發。該季結束後，身為歐陸一代傳奇中鋒的老沙不願受辱，就此自 NBA 退役，2002 年才因拓荒者高層釋出誠意而再戰江湖，但也只多打了一年。拓荒者後來一直傳出休息室的壞消息，固然牛鬼蛇神多的是，但大家始終相信 Wallace 難辭其咎。

Wallace 固然後來在活塞得到總冠軍的肯定，但回顧生涯，場上他老是讓裁判頭痛，場外不時有必須上警局甚至上法庭的社會事件，在休息室又是我行我素、甚至會和球隊的老前輩起衝突、砲打自家人，不管退役後再怎麼挽回，都無法抹滅這些過往。

樹大招風、嘴大惹議。

Balvino

2021-22 年球季，西區第二輪首戰，灰熊隊 Brandon Clarke 在準備起跳時，被勇士 Draymond Green 狠狠地扯倒在地。隨後，Green 也遭到吹判二級惡意犯規、被驅逐出場的處罰。「我永遠不會改變我的打球風格，它讓我成為現在的我。」Green 說，「我一直都是這麼打球的，而我也因此拿下三座冠軍、四度獲選為明星球員，並獲得了年度最佳防守球員獎。」

自從睽違 40 年後再度於 2015 年奪冠至今，勇士已經成為當代 NBA 強權的代表。但有句話是「樹大招風」，當這支球隊橫掃聯盟引起了許多跟風者的吹捧時，也默默累積起了對此不滿的負面情緒。加上 Kevin Durant 在 2016 年也開啟人生另一篇章、轉戰舊金山，更讓不滿勇士的人們認為他們以超級球隊的姿態摧毀了聯盟的平衡。而在這些人宣洩自己的怒火時，勇士陣中負面形象最多的 Green 也因此首當其衝，這成為他「惡漢」形象廣為流傳的原因之一。

不過他之所以會有惡漢形象，畢竟也是因為留下過不少惡漢事蹟。

Draymond
Green

2015 年西區決賽出戰灰熊時，Green 就曾打到剛從面部骨折手
術中復出、戴著面罩打球的 Mike Conley 的臉。隔年的西區決
賽，他更留下了最為世人銘記的惡行，也就是在出戰雷霆時連
續兩戰出腳踢了 Steven Adams 的胯下。

同年進入總冠軍賽，在第四戰，Green 也在比賽尾聲被 LeBron James 跨過時揮手攻擊對方的下半身，並因此被追加惡性犯規而遭到禁賽。雖然跨過別人的身體並不是什麼恰當的舉動，但根據報導指出，Green 在比賽中多次辱罵 LBJ 是個「Bitch」，所以並沒有太多人同情 Green 的處境。

此後，他也曾在比賽中有過各式各樣難以判斷是有心還是無意、衝動還是預謀的動作。甚至就連 2022 年剛結束的總冠軍賽第二戰中，Green 也在與 Jaylen Brown 糾纏時把腳放到後者身上，被甩開後還推了他一下，也差點引發更激烈的肢體衝突。

就算將這些動作勉強歸類為求勝心切而踰矩的舉動，他在比賽中、比賽後得理不饒人的言論，仍令他的惡人風格更加深植人心。在接受《GQ》雜誌採訪、提到在總冠軍賽以 4 比 1 戰勝騎士的系列賽時，Green 曾經回應：「他媽的，他們根本沒有機會，所以沒能橫掃他們讓我很不爽。」也因為這些年的趾高氣昂，無怪乎

在勇士各大進攻主力只能作壁上觀的 2019-20 年球季，各個對手會爭相把握機會出一口氣。

Green 從小到大就是個很勇於表達、勇於做自己的人，他也在很小的時候就展現出動口的天賦，他的母親 Mary Babers-Green 記得兒子在四歲時就已經會打電話了。據說他打電話到繼父工作的地方，張口便說「嗨，我是 Draymond，我要找 Raymond（繼父名字）」，完全不見初次撥打電話的羞澀。也因為小時候的 Green 太會講話，所以常常把朋友給氣走。

不過母親並沒有因此限制小 Green 的大嘴巴。她從來不覺得 Green 的意見是在對大人頂嘴，而是會鼓勵他說出自己的真實想法。「母親總是告訴我們心裡想什麼就說出來，不要因為別人而有所顧忌。」Green 回憶，「而且在我的故鄉薩吉諾（Saginaw），你要是羞於表達出自己的想法，就會被別人吃得死死的。」

當 Green 開始接觸籃球後，叔叔與姑姑也都鼓勵他在球場上勇於發聲。叔叔 Bennie Babers 告訴他，不要在場上因為他人的言語而生氣，你該反過來藉此讓對方失去理智，這能帶給你很大的幫助。也是一名籃球選手的姑姑 Annette Babers，更是 Green 在密西根州大的大前輩，在籃球路上她不但給了 Green 不少提點，兩人也打過不少嘴砲。

Annette 和 Green 打球時，一定會刻意加入他的對手，並全力對付自己的外甥。當高中時期的 Green 率隊拿下州冠軍後，還告訴過他：「我也拿過冠軍，而且那一年我們沒輸過。」也因為身處於這種環境，Green 從小便養成場上與嘴上都不服輸的意志力。成為勇士的先發球員後，他終於可以報一箭之仇、反嗆姑姑：「你看電視了嗎？這是你未曾涉足過的領域、沒體驗過的生活，對吧？」

Green 曾說，他覺得在這個聯盟中，很多人的發言都像是事先受過訓練、知道該針對什麼問題做出哪種回應，簡直有如手裡拿著腳本一樣。但他不是這樣的人，他會對任何事直言不諱。「我喜歡說出自己的想法，我知道有些話說出來可能會引起軒然大波，但我願意面對，不會逃避。」Green 說。

在他的惡人形象之下，其實這種敢做敢說的風格，也為球隊內部注入了團隊不可或缺的韌性。勇士總經理 Bob Myers 便認為 Green 的本性不壞，只是因為是個不能忍受失敗的人，也因此有時會為了避免失敗而做出錯誤的行為。

在勇士崛起之前，當時的總教練 Mark Jackson 也指出 Green 會挺身說出想法的行為，替 Stephen Curry 分擔了許多領導球隊的壓力。在勇士剛於聯盟中展露鋒芒時，Green 的言行也適當地將鎂光燈的焦點從其他較為內斂的隊友身上移開。

這種為贏球奮不顧身的個性在事後也贏得了許多對手的尊重，事實上，不論是在互為對手期間有過許多糾葛的 LBJ 還是在成為隊友期間發生過許多爭執的 KD，最終都與他化敵為友。嚴格來說，Green 雖然並非球場上的善類，但在球場之外的品行並沒有什麼不良事蹟，只不過因為關注勇士的人實在太多，對他有所不滿的人當然也就不在少數了。

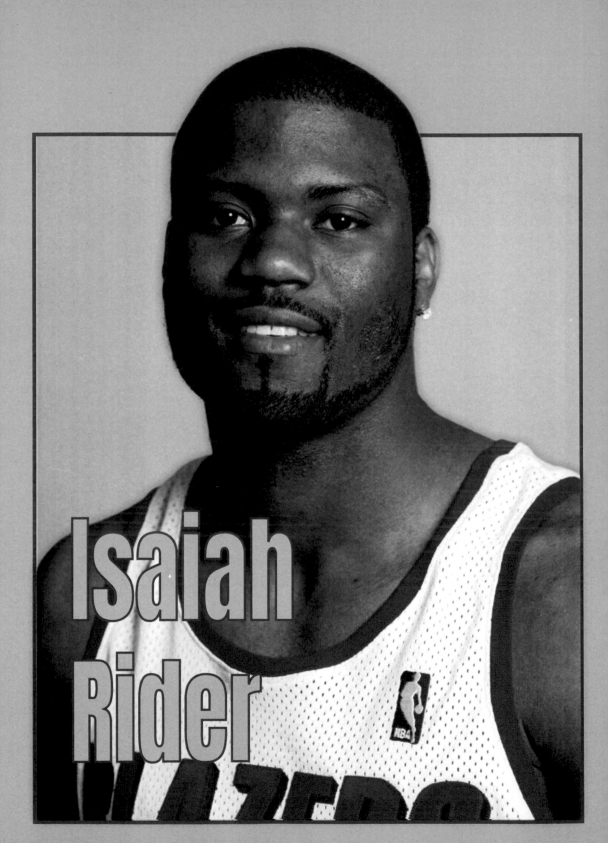

Isaiah Rider

破壞之王。

小古

2000 年四月份，雖然當時球季還在繼續，但當時的亞特蘭大老鷹差不多確定終止了 1990 年代連續七個球季打進季後賽的紀錄，當時球季剩下不到一個月，老鷹還拿不到 30 勝，距離季後賽漸行漸遠，隨時被關上大門也不奇怪。當時球隊從鼎盛走向崩潰，為了力圖振作，換來破壞王 Isaiah Rider，卻讓球隊土崩瓦解。

有天在老鷹去紐約打客場的巴士上，當時史上最多勝的總教練 Lenny Wilkens 坐在球隊副總裁 Pete Babcock 旁邊，Babcock 問他：「你聽說了沒？我被球隊高層開除了嗎？還是我們都被開除了？否則你怎麼會坐在這裡？」

Wilkens 笑說：「你也聽說了嗎？聽說我準備被換掉了。」Pete Babcock 說：「我聽說我 GM 的位子要由 Dominique Wilkins 暫代。」兩人說完都笑了，充滿專業人士的豁達與無奈。

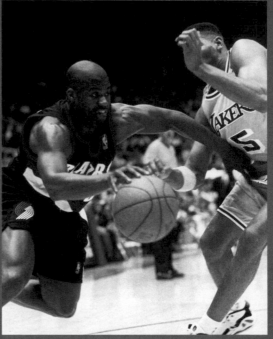

如果要說為什麼無奈，當時老鷹 25 勝 44 敗，出現奇蹟也不可能翻身，Lenny
Wilkens 當時已經 62 歲，還有 2 年 1000 萬美元的合約，這是當時 NBA 總教
練數一數二的高薪，會讓他覺得自己在球隊時日無多，源自於一樁糟糕的球員
買賣。

1990 年代的老鷹在優雅射手 Sterve Smith 和火鍋王 Dikembe Mutombo 帶領下，
攻守全能，但始終跨不過東區第二輪，很明顯球隊少了一股能打硬仗的狠勁，
於是總裁 Stan Kasten 無視於總教練和 GM 警告，做了這筆交易，拿一換二，
向拓荒者換來在拓荒者適應不良的前得分好手 Jim Jackson 和中文外號「破壞
王」的 Isaiah Rider，用已經變不出新花樣又年屆三十的 Smith 一換二，穩賺不賠。
當時 Stan Kasten 並不認為無視球隊專業人士建議有什麼問題，更掛保證合約
最後一年的 Isaiah Rider 肯定會全力拚戰：「你們知道他暑假有拿下總價五千
萬美元合約的天賦嗎？」

Rider 天賦異稟,論資質,他絕對是 1990 年代中期最亮眼的球員之一,但出生於社會底層的單親家庭,從小備受母親和姊姊寵愛,讓他無法無天,他說他對於課業沒興趣,但嶄露球場天賦,讓他成為 1989 年最佳高中球員之一,卻因為課業太差上不了大學,他念了兩間專科學院,才被遊走招生灰色地帶聞名的 UNLV 總教練 Jerry Tarkanian 招進 UNLV,他在大學第一個大三球季平均就拿下 20.7 分,第二年更以 29.1 分名列全美第二。

但他大學時期就傳出是休息室炸彈,在已經容忍一堆牛鬼蛇神的 UNLV 中,多次被指控打球自私,期間還多次被抓到吸毒,然後傳出假造學術成績,最終導致學校被禁賽,而 Rider 則帶著漂亮數據在 NBA 第五順位被挑中,生涯第二年平均就衝上 20 分,名列 NBA 前二十大得分手。1994 年面對國王隊時,看似一個隊友在三分外線傳球給他,他漫不經心沒接好,但隨即撲出場外一救,順手就把球從場外甩到籃框內,這一球被球評直呼是十年內最佳好球。

他在球場上的打法越來越兇悍,但場下越來越失控,開始對球隊工作人員大呼小叫頤指氣使,那還算小事,他曾在酒吧出腳踹了女經理,被法院判處第五級傷害罪,灰狼把他送到波特蘭,但他開季前就因為抽大麻違反 NBA 禁藥條例被抓到,同時還因為持有非法登記的電話和賭博罪被捕,拓荒者沒轍,但老鷹有興趣接手,馬上把麻煩貨脫手。

剛到球隊,Rider 依然維持水準,場上表現依舊亮眼,明星賽前平均 22 分、4.7 籃板 4 助攻,幾乎都是生涯新高,但他場下也沒閒著,一月中傳出在球隊打客場的飯店裡吸毒被逮,球隊安排他參加勒戒課程,結果他老大不甩,一天缺席罰款一萬美元,他被罰了 20 天,加上球季間各項大小脫序行為,包含隊規和聯盟規定,罰款就高達 40 萬美元。

身為好好先生的 Lenny Wilkens 一再給他機會，並且相信他會因為好表現而理解自己能靠籃球天賦揚名立萬，但當時老鷹是以正向團隊文化著稱，怎麼容得下一個球員在休息室內搞破壞？最後 Lenny Wilkens 死心，明星賽後就不讓 Rider 上場。結果這時候輪到 Rider 老大不爽，直接要求球隊把他釋出，他大可以去找下一個他想待的棲身之處，結果老鷹戰績糊塗墜地，寫下隊史自 1954 年後最差紀錄，隔年連 Mutombo 都被送走，Rider 可以說直接讓一支強權解體。

NBA 是看天賦的聯賽，嚴格來說，Rider 行為脫序，但都是惹了一缸子麻煩，沒有持槍傷人等大過，當時就連他短約去金塊，都有教練讚嘆從沒看過這麼有才華的球員，當時 NBA 高層間有句傳言：「一定會有人繼續簽他，但絕對不是我。」當然，沒有人拿五千萬美元合約給他，他離開老鷹後，打過湖人和金塊，總計賺了大約 80 萬美元，然後就此與 NBA 絕緣。

最終，無數次聲稱自己會改過向善的 Rider 在 2001 年打完自己最後一場 NBA 比賽，30 歲之齡就被掃地出門，據 Shaquille O'Neal 表示，Rider 行為荒唐，但本質沒這麼糟，如果他願意收斂一點，說不定能在 NBA 打到 38 歲。

他在離開 NBA 之後，曾因為販毒被判處七個月徒刑，他稱那一場教訓讓他悔改，但隔年又因為危險駕駛被捕，隨後又被查出毒品問題，然後財務也出現狀況。

但就在 2012 年後，淡出球場多年的 Rider 再度出現在螢光幕前，除了表示自己已經靠信仰和女友幫助走出毒癮和脫序行為，並且要以他的故事拍成紀錄片，讓同樣出身的青少年引以為戒，希望這次是真的。

Rick

Mahorn

壞孩子中的
壞孩子。

Balvino

「聯盟中應該有很多人想修理我，但因為有 Rick Mahorn 在，讓許多人打消了念頭。」當 Mahorn 被交易到活塞後，Bill Laimbeer 認為正是因為有他的到來，活塞才能蛻變為令人聞之色變的「壞孩子」（Bad Boys）。在自傳《盡情使壞》中，Dennis Rodman 也指出 Mahorn 教了還是菜鳥的自己許多東西。

而 Laimbeer 的說法，想必任職活塞播報員多年的 George Blaha 也十分認同，因為在其口中，這傢伙是「壞孩子中最壞的孩子」。

「如果你在球場上示弱，他就會讓你付出代價。」生涯最後一季與 Mahorn 菜鳥時期重疊的子彈隊傳奇球星 Wes Unseld 的說法，

或許最能形容 Mahorn 的球風。也因為在 Mahorn 初入聯盟、來到華盛頓打球不久後，便因強悍風格引發不少事端，被昔日塞爾蒂克的傳奇播報員 Johnny Most 將他與內線搭檔 Jeff Ruland 並稱為「起爭議兄弟」（Beef Brothers），前後者也分別得到「McNasty」與「McFilthy」的綽號（Filthy 與 Nasty 皆有骯髒之意）。

「我熱愛肢體接觸。雖然籃球不是個主打肢體接觸的運動，但在禁區裡你就是得與對手肉搏。」Mahorn 說，「我喜歡防守、喜歡這種高張力的對抗，我從四歲開始就是這麼打球的。」

Mahorn 雖然在進攻端並沒有太多得分招式，但他十分懂得如何運用手段讓對手心浮氣躁。球賽主播 Steve Jones 就曾說 Mahorn 擅於威嚇對方，也懂得如何透過球場上的動作讓對手忘記自己還在比賽。為此，他也不惜以大動作的犯規作為代價。

自從統計犯規次數以來，NBA 總共有 52 名球員在 63 個球季寫下單季犯規 330 次以上的紀錄，而 Mahorn 一個人就包辦了 3 季。在 18 年職業生涯的例行賽與季後賽中，Mahorn 總共犯了 3847 次規，比他將球投進籃框的次數剛剛好多了 500 次。而在他的犯規之下，包含 Larry Bird 與 Michael Jordan 等人都是受害者。這也是為什麼 Jordan 曾表示直到現在都還討厭當年活塞的原因之一。

事實上，就連後來 Mahorn 轉戰七六人、與 Charles Barkley 成為隊友後，也曾教唆後者要在 MJ 進攻籃框時用力犯規、把他狠狠擋下來，但 Barkley 並沒有照做，這令他十分氣惱，公開罵小老弟太軟。日後 Barkley 曾要求 Mahorn 為這句話道歉，但後者抵死不從。

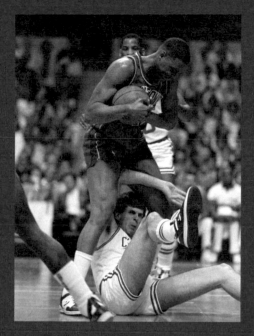

其實當年 Mahorn 在被交易到活塞
時心裡非常不滿，因為他本來已經
和 Ruland 建立了十分良好的情誼，
還以為自己已經是華盛頓不可分割
的一部分，所以他萬萬沒想到自己
和這位拍檔會被球團活生生地拆
散。因此 Laimbeer 與 Mahorn 初次
在練球時遇見彼此、前者想要告訴
後者在球隊中該扮演什麼角色時，
也曾踢到過鐵板。「我那個時候誰
都不喜歡，所以叫他不要隨便跟我
裝熟。」Mahorn 回憶道。

12　Rick Mahorn

後來，由於總教練 Chuck Daly 堅信他能夠成為球隊的黏著劑、球隊需要籃板和低位防守，他才逐漸融入這支球隊。兩相配合之下，令 Mahorn 能夠在 1988-89 年球季入選年度防守第二隊，並幫助球隊贏得二連霸的首冠。

Mahorn 就連卸下球衣後、在擔任 WNBA 底特律震動隊助理教練時，也曾惹禍上身。在 2008 年 7 月，一場震動隊與洛杉磯火花隊交手的比賽中，雙方球員因積怨已久而大打出手。在這場被稱作第二次奧本山之亂的亂鬥，Mahorn 居然在雙方糾纏在一起時，把火花隊的球員 Lisa Leslie 推倒在地，引起不小的風波。

在這次事件，Mahorn 遭到了禁賽兩場的處分。雖然包括時任震動總教練的 Laimbeer、火花總教練 Michael Cooper 與 WNBA 人事部副總 Renee Brown 都認為 Mahorn 只是想去勸架、沒有拿捏好力道。不過 Leslie 本人可不買帳，去年還在一部影片中表示自己很後悔沒有走上法庭，與 Mahorn 和 WNBA 對簿公堂。

Laimbeer 和 Mahorn 都認為，場上的「壞孩子」作風，成了人們對這批活塞成員的刻板印象。Mahorn 表示，包含自己在內的壞孩子們在場上與場下的行事風格完全相反，球場之外都是紳士。即使在球場上與對手進行了接近搏鬥的較量，仍然對這些對手們充滿了敬意。「籃球對我來說只是一種生存工具，」Mahorn 說，「我看到大鳥、Robert Parish 和 Scottie Pippen 這些人時，還是會跟他們打招呼。」

不過對於 Mahorn 的這番說法，名叫 Dane Carbaugh 的籃球專欄作家顯然不同意。在一篇介紹 Mahorn 球員卡的文章中，他便回憶 12 歲的自己曾經在跟 Mahorn 要簽名時，因為太害羞而扭扭捏捏，遭對方嘲笑是不是身體殘障。

由於 Mahorn 強硬的個性，總是被指派了防守對手明星內線球員的任務。在 1989 年，Mahorn 便替自己辯護，表示自己只是在執行任務、認真地在 48 分鐘內保護自己的隊友，而非是一個單純的惡霸。「我如果只是個暴徒，就不可能站在球場上，更不可能在這個聯盟打滾這麼多年。」Mahorn 說。

而他所謂的「執行任務」與「保護」有沒有過度，就見仁見智了。

Ben Wallace

強悍本色。

小鐵

從 1996 到 2012，總計 16 年的職業生涯，若把時間點停在 2004，也就是正好切割生涯前後兩半的時刻，Ben Wallace 的形象無疑是正面的，從當初選秀落選，奮鬥到 NBA 正式名單，原本只是交易中的配角，卻進化成為藍領強權陣中的防守中樞，拿到年度最佳防守球員、總冠軍等成就。

然而在滿 30 歲後，「Big Ben」儘管再拿兩座年度最佳防守球員，一切卻完全不同，也許探究蛛絲馬跡後，不見得會把這些轉變當做是一夕之間風雲變色，但不論對照生涯初期或是他後來在退役後、乃至於入選名人堂時的形象，都絕對足以讓人感到訝異。

身為家中 11 個小孩中排行第十、且是八個男孩中最小的弟弟，B. Wallace 深受爸媽寵愛，但 B. Wallace 小時候家境不好，他們甚至得在上學之餘再去附近的農場打工，而在擁有八個男孩的家庭裡，運動自然是一個必備的活動，Wallace 一家的兄弟把打工存的錢拿來在家裡裝了一個

籃框,但在兄弟的比賽中,小弟 B. Wallace 自然不太容易得到兄長們的尊重,因此他深刻了解到在球場上求生的方式。

「我從小就知道,我得自己抄到球、搶到籃板、或在球快出界前救回來,當我慢慢長高時,蓋火鍋也是一種方式。」B. Wallace 說,「否則,我連球都看不到。」

老天終究給了 B. Wallace 一些在場上競爭的本事,他逐漸成為兄弟裡身材最高大的一人,也因為出色的運動能力而在美式足球、棒球都有所涉獵,但他最愛的還是籃球。高中時,B.Wallace 參加了偶像 Charles Oakley 在他老家附近舉辦的訓練營,本就是 NBA 知名硬漢的 Oakley,對於風格同樣強悍的 B. Wallace 讚譽有加,後來也推薦 B. Wallace 從原本的二年制社區學校轉至他自己的母校維吉尼亞聯合大學,如教父一般陪伴著 B. Wallace 成長。

然而,這一段硬漢、守護神、最佳防守球員的美好故事,彷彿在 2004

年冠軍後灰飛煙滅。在 B. Wallace 身上的兩大污點，其一是 2004 年 11 月 19 日，在活塞主場爆發 NBA 史上最嚴重的「奧本山宮殿鬥毆事件」，的確，該事件最大肇事者是 Ron Artest，被判罰最嚴重禁令的三人是溜馬的 Artset、Stephen Jackson、Jermaine O'Neal，把事件擴大成球場鬥毆事件的主因是 Artest 和 Jackson 對球迷的衝突，但 B. Wallace 被 Artest 大動作犯規後怒不可遏的回擊，或許的確是整起事件的導火線。

當時本就是東區死敵的活塞和溜馬，前一年剛在東區冠軍賽交手，活塞獲勝後進而奪冠，因此當天交手衝突一直不斷，隨著溜馬拉開比分、幾乎穩操勝算，現場球迷、活塞球員、乃至於 B. Wallace 的負面情緒持續累積，終至難以收拾的悲劇。據說當分數拉開時，兩隊主將都還在場上，就是雙方都希望能在場上競爭至最後一刻，緊繃的對抗意識已經和比賽勝負無關，因此當 B. Wallace 重重被犯規後，他早就打定主意要回擊 Artest，除了引爆衝突的一擊外，B. Wallace 自始至終都沒打算放過 Artest，一直怒氣沖沖、唸唸有詞的朝著 Artset 走去，

活塞和溜馬球員幾乎全員擋在 B. Wallace 和躺在紀錄台上的 Artest 之間，仍無法阻止 B. Wallace 的怒火。

比賽就在一發不可收拾的球場亂鬥中結束，B. Wallace 因出手動作遭到聯盟禁賽，在技術上，這並沒有影響他再拿兩次最佳防守球員大獎，然而活塞雖然依舊是東區強權，戰績卻越來越退步，2005 年在總冠軍賽不敵馬刺，2006 年甚至在東區冠軍賽就被熱火擊敗。活塞沒有明確補強，黃金先發五虎一直維持，2005-06 球季甚至開季就用挑戰史詩的進度狂飆戰績，直到球季尾聲才腳步稍緩，但內部的雜音卻越來越多，有一說就是包含 B. Wallace 在內，幾位活塞冠軍成員已經不再如奪冠當年如此團結、強韌，甚至對於在 Larry Brown 之後接任兵符的 Flip Saunders 多有不滿。

情況非常弔詭，在 Saunders 於 2005 接任活塞兵符後，該季活塞即使經過季末顛簸，還是寫下隊史最佳戰績，但 Saunders 和資深成員的摩擦卻越來越多，2006 年 4 月 7 日對魔術之戰，B. Wallace 對於 Saunders 的調度不滿，第四節被換下場後就對 Saunders 抱怨、咆哮，後來更拒絕再上場，活塞最終敗給當時在季後賽競爭之外的魔術，算是跌破了許多人的眼鏡。

於是，當年聯盟龍頭、寫下隊史最佳戰績的活塞，就止步在東區冠軍賽，季末成為自由球員的 B. Wallace 則和公牛簽約，表面上公牛的報價的確比活塞優渥，B. Wallace 向「錢」看的選擇的確合理，但所有人都知道，尤其經過當年東區冠軍賽第六戰，球隊面對淘汰邊緣時，B. Wallace 卻仍在比賽最後 14 分鐘坐滿板凳等等事件可見，B. Wallace 和 Saunders 的裂痕已無法彌補，離開已是可以預見的結果。

只是 B. Wallace 的榮光似乎也就此留在汽車城，公牛原本期待 B. Wallace 能擔任防守中樞，協助年輕的公牛後場，但 B. Wallace 卻和年輕球員沒什麼連結、

甚至和球隊也有些齟齬，例如他兩大招牌造型其一是爆炸頭、其二是綁著玉米辮加上頭帶，但公牛當時卻堅持球隊有「頭帶禁令」，為此 B. Wallace 雖表示遵守隊規，內心的不滿卻無法隱藏，也曾因為堅持戴頭帶而槓上總教練 Scott Skiles，而不管摩擦是否由此而生，Wallace 也曾多次透露不滿自己在球隊中的定位，儘管他就是防守起家，但在公牛時期是他生涯攻擊表現最差的時光，導致原本和公牛簽下四年約的他只待了一年半就被交易，和高層的不合不言可喻。

B. Wallace 被公牛交易到騎士，當時各界認為是替騎士年輕王牌 LeBron James 當護法，然而沒什麼效果，2009 年他又被騎士交易到太陽，隨即被太陽釋出，後來重返汽車城。原本看來這個曾是底特律重要地標的老將把生涯尾聲留在成名之地是一樁美事，但歷經滄桑的 B. Wallace 無力再改變當時已跌出季後賽的活塞，甚至在 2011 年還爆出酒駕同時違規持有槍械的社會事件，在他退役之後，2014 年又因肇事逃逸吃上牢飯，各種負面消息纏身。

也許因為當年身為家中的小弟，讓他學會如何在艱困環境中討生活，磨鍊出在球場上的強悍，也可能是幼時的相對剝奪感，讓他非常堅持個人應得的回報，無論是什麼原因，生涯後半段的 B. Wallace 除了場上的貢獻，仍需面對他闖下的麻煩。

Roy
Tarpley

14

自毀前程。

小古

1986 年的選秀梯隊堪稱悲劇，先是榜眼 Len Bias 在選秀派對狂歡後隔天猝死，加上第三順位的毒蟲 Chris Washburn 只打了兩年，以及第四順位 Roy Tarpley，當年被喻為最具天分，一再因為過人天賦得到機會，卻又讓人失望的天才長人。

1970 年代的 NBA 飽受毒品摧殘之苦，球員普遍吸毒導致聯盟形象敗壞，即便進入 1980 年代初期，這些結構性問題依舊沒有太多改善，橫跨 1980 年代到 2000 年的硬漢 Charles Oakley 曾說，他 1970 年代決定離開家鄉克里夫蘭去維吉尼亞州念大學，就是不想和兒時的非裔社區朋友變成毒蟲，結果他進入 NBA 之後才知道，原來在休息室內就可以拿到古柯鹼。

同樣的例子，也發生在 Roy Tarpley 周圍，他雖然出生於紐約，但成長於底特律的黑人區，在 1970 年代和一幫才華洋溢，但是因為嗑藥和毒品問題進不了大學的球員一起打球，當時有些天賦異稟的底特律球員能夠脫離社區，魚躍龍門進入 NBA 殿堂，例如 Magic Johnson 和 George Gervin，但是更多的人是和周遭同儕一起沉淪。

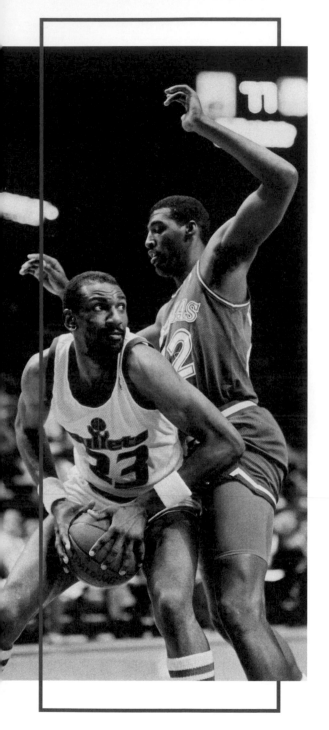

Tarpley 的最大問題從來不是沒有人對他伸出援手，而是他對於一切身邊願意給他幫助的人，視為理所當然，他的媽媽 Selener Tarpley 曾經辭去一切工作，只為了把兒子拉回正軌。

「他知道，他都知道。」她說：「他其實早就知道那些毒品和酒精問題，如果不是下定決心擺脫，就是死於用藥過量。他常常對我說『我會振作起來』、『我會戒除一切』。」

其實當時 Tarpley 最常說的一句話是「我會長大，我會成熟一點」，Selener Tarpley 說：「他常常對我說，『媽，我不想讓妳白髮人送黑髮人，我不想成為因為毒品而死的其中一個統計數字』，他常常告訴我他知道下一步該怎麼做。」

但底特律就是他的根，Tarpley 的軌跡就和很多從底特律出身的球星一樣，在高中揚名立萬，進入當地最佳學府密西根大學，拿下兩座Big10 冠軍和全美第一，誰都看得

出來他不可能永遠和過去那些狗屁倒灶、青少年時代的豬朋狗友斷個乾淨。

當時的小牛隊高層說，Tarpley 比起「男人」，更像是一個大男孩，只是有著破表的天分，他生涯前兩年只先發過 10 場，但平均就在 23.8 分鐘拿下 10.5 分、9.6 籃板，被認為是當時聯盟中最好的替補中鋒之一，甚至有望叩關年度最佳第六人。

「他其實就是個大孩子，只是沒能抵抗那些誘惑，他熱愛被眾人簇擁。」他的經紀人，也是 1980 年代的權威體育經紀人 Dr. Charles Tucker 說：「他喜歡別人看著他，愛戴他，但他並不懂如何面對那些愛戴，不懂得判斷那些接近他的人到底是好是壞。」

Tarpley 自制力不足，加上從上到下，每個體育圈的人也都是結構共犯的一員，例如在當時資訊還不太發達的年代，小牛在選中 Tarpley 之前，曾經和他的大學總教練 Bill Frieder 詳談，仔細詢問 Tarpley 是不是如傳聞中是個行為不檢的毒蟲和酒精成癮者？球隊做了訪談、調查、翻閱他大學的紀錄，最後決定和他簽下 5 年 250 萬美元的合約，全額保證，沒有任何例外條款，這和當年 Michael Jordan 的合約價格差不多。

「當時我們調查或許他是有點風險，但絕對值得投資。」當時小牛 GM，同時也是籃球事務部門的主管 Rick Sund 說：「況且紀錄表明，他沒什麼大問題，只要好好管理督促就好。」

但當時 Tarpley 的媽媽極力反對，她明確表示光自己所知，兒子至少有一次賽前古柯鹼測試未過，但學校幫他搞定了後來的 NCAA 藥檢諮詢，還有一次 Tarpley 在 NCAA 錦標賽前喝得爛醉，最後錯過球隊開往明尼亞波里斯參賽的巴士。但 Bill Frieder 嚴詞否認，認為他媽媽的指控沒有任何證據。

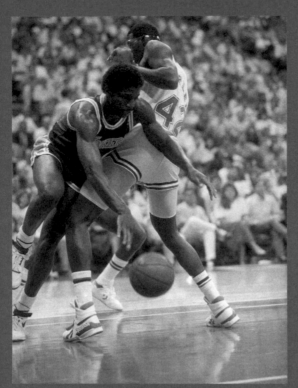

剛踏入 NBA 的時候，Tarpley 知道自己的生涯需要有人拉一把，他知道自己需要負起責任，他接受球隊安排的藥物濫用諮商，小牛當時深信，自己是選到一個才華洋溢，只是不夠成熟的大孩子，只要給予適度協助，他會大放異彩，但在第一年過完的暑假，他回到底特律度過了五周的假期，結果那成了一團糟，他吸毒、嗑藥，還牽扯一堆暴力事件。

隨後球隊即刻把他帶到加州，讓他接受了六周的藥物和酒癮諮商，每天都做藥物檢測，想讓他徹底擺脫毒癮，但 Tarpley 最後在開季前翹掉了毒癮諮商，原因是他擔心諮商中可能讓他是公眾人物的身分曝光。當時才成立七年，已經準備劍指西區冠軍的小牛隊也不知道如何處理，最後，是當時創隊老闆 Donald Carter 掛保證，不會讓 Tarpley 的毒品濫用問題曝光，並且還飛到西岸親自陪著他參加諮商和戒斷課程。

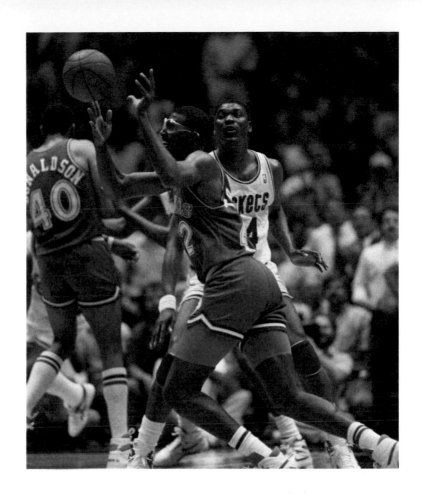

但從他媽媽到球隊，每個人都很害怕他又回到底特律鬼混，就連他進入 NBA
之後，小牛隊高層還一度考慮是否讓他乾脆不要隨球隊飛往底特律打客場。

但最後呢？球隊一再的讓他重回正軌，但他又一再的讓人失望，他在 1990 年
因為喝得爛醉被逮捕，同時一年內又接連因為酒駕和違反毒品管制，直接被
NBA 禁賽兩年。他前往歐洲，以半殘的身手打出宰制歐洲籃壇的表現；他曾
回到 NBA，又被趕出去；他在歐洲、中國的北京奧神和美國次級聯盟 CBA 之
間載浮載沉，40 歲那年還入選 CBA 全明星，直到 42 歲才退休，但卻在 50 歲
就過世。他只是 1980 年代眾多流星的例子之一，讓人不勝唏噓。

他不壞，
只是一隻自由之鳥。

Balvino

如果我明天就離開，你是否還會繼續把我銘記在心？

因為我實在有太多地方想去，因此我必須現在啟程遠行。

但就算我留在你身邊，女孩，一切也都已不復以往。

因為我現在自由得有如一隻飛鳥，而你也無法動他分毫。

這是 Lynyrd Skynyrd 樂團演唱的〈自由鳥〉（*Free bird*）中的歌詞，講述歌詞主角追求自由的內心世界。在《阿甘正傳》的電影中，也以這首歌做為配樂，映襯女主角珍妮吸毒後想要自殺的內心衝突。

這首歌，也是 Chris Andersen 最喜歡的樂曲之一。2009 年的夏天，他便以金黃色的字體，將這首歌的歌名紋在了脖子上。據說，Andersen 身上有 75% 的部位都被刺上了刺青。而 Andersen 則自述，這些紋身都有它的意義，象徵自己在生命中的某個時刻遇到的某個障礙。

15

Chris
Andersen

Andersen 之所以會被挖掘出運動天分,正是因為他有如躍過每一個障礙般,在跳過通電的柵欄時被發現了驚人的彈跳能力。猶如珍妮一般,Andersen 在刺上這幾個字的前一陣子,也正經歷著毒癮帶來的困擾。

從小,Andersen 就生活在一個貧困的環境中,之所以會選擇籃球這項運動,正是企圖藉由成為一名籃球選手而擺脫現狀。一名大學教練告訴他,有機會因為籃球而獲得獎學金,周遭的人們也都說成為職業球員就能賺到很多錢。

這些迷湯讓 Andersen 產生了自信,但除了籃球之外,他卻沒有準備得太充分。Andersen 原本有機會進入休士頓大學為 Clyde Drexler 效力,但因為學業成績太差,成績不足以上場打球,也因此讓母親親自向 Drexler 道歉。而在他因此選擇社區大學就讀並在一年後宣布棄學挑戰 NBA 時,竟然還不知道要完成正式的報名流程才能報名選秀,不是光靠自行宣布就夠了。「我真的不知道自己在幹嘛,毫無計畫。」Andersen 坦承。

走入職業籃球的舞台後，Andersen 經歷了一番在海外與發展聯盟磨練的顛簸，終於在 2005 年夏天與黃蜂隊簽訂了一份為期四年、價值 1400 萬美元的合約，實現了夢想。只是對於連想進 NBA 都未有妥善規劃的 Andersen 來說，他不懂得要如何規劃這筆天降橫財，結交到許多狐朋狗黨的他開始揮霍度日。這讓他與曾經相依為命的母親為此大吵了一架。「我的牛仔布錢包只要 10 美元，還是自己用衣服做的。」母親來到 Andersen 住處，看到一張買給女人、花了 5000 元美金的名牌包收據後這麼說。

與母親鬧翻、與女友分手，Andersen 雖然過著金錢不虞匱乏的生活，但心靈卻異常空虛。卡崔娜颶風來襲後，又遭到失去住處的打擊，也因此沉迷在毒品之中。

2006 年 1 月底，未能通過藥檢的 Andersen 遭到禁賽兩年的懲處，但他一滴眼淚也沒流。在兩年的時間中，Andersen 積極接受治療，並與過去的酒肉朋友們完全切割，走出了陰霾。「這次的懲罰可說是救了我的命，」Andersen 說，「如果我不改變生活方式，人生不知道會如何演變下去。」

隨著 Andersen 身上的刺青越來越多，加上莫西干髮型（Mohican，美語稱 Mohawk）與在重返球場後讓人看得血脈賁張的行徑，使他越來越受歡迎。但也因為這樣的形象與正面和善良的刻板印象難以連結，曾讓他惹上了麻煩。

2012 年，Andersen 被牽涉到一起涉及未成年網路性犯罪的案件中，他的家也因此遭到警局的搜索。但事實上，Andersen 反而是遇到「Facebook 大騙徒」騷擾的受害者。

在效力金塊期間，Andersen 與一名來自加州謊報年齡的女孩發生了性關係，此後二人就不曾聯絡。但也正因為如此，給了騙徒從中生事的空檔。一名來自

加拿大的女子便假冒了加州女孩的母親，要求 Andersen 支付大約 5000 美金的費用，讓她在亞馬遜網站上大採購。另一方面，她也盜用了 Andersen 的身分資訊，並假冒 Andersen 與該名加州女孩聯繫，甚至還命令對方按照自己的要求拍照，使得心生恐懼的女孩不堪其擾，找上了警方，也令事件曝光。

而根據 Andersen 的律師兼好友 Mark Bryant 表示，這名加拿大女子並不只冒充過他們的身分，在美加地區還有其他十數名受害者。而由於 Andersen 一直以來都以自己不斷在幫助弱勢兒童為榮，因此也很擔憂自己的名聲能否回到從前。「這些貼在身上的標籤對他造成了多大的痛苦與影響，是難以筆墨形容的。」Bryant 說，「他很感激那些保留判斷能力的人。」

Andersen 的兩隻手臂內側，分別刺上了「好」與「惡」的中文。嚴格來說，Andersen 並沒有做過什麼傷天害理的壞事，甚至說他是個樂於助人的好人也不為過。而或許要如何在離經叛道的外皮之下證明自己並非一個惡人，才是他在生命中所要跨越的最大難關。

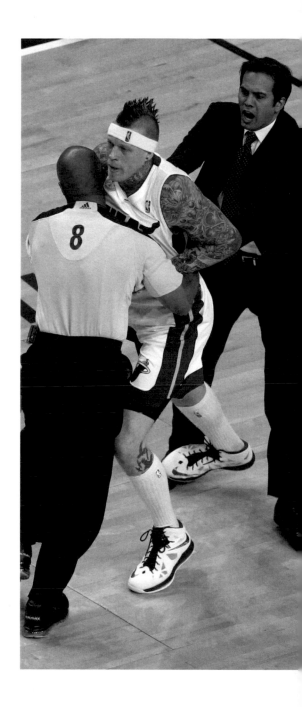

16

行走江湖靠義氣。

小 鐵

在 2020 年 NBA 因武漢肺炎疫情而停賽的日子裡，由於碰巧出現幾次跟種族歧視有關的社會事件，即使當時全球衛教宣導都以減少群聚為主軸，還是導致了幾次美國當地的大規模遊行，幾位非裔美國人士在這波行動中成了各種層面的意見領袖。

前 NBA 球員 Stephen Jackson 也是其一，當時引發「Black Lives Matters」運動的主因是非裔美國人 George Floyd 因美國警方的不當壓制而死，而 Jackson 正是 Floyd 的至交，只是在當時的風向裡，Jackson 當然有得到尊重，卻也有很多人認為他這次成為意見領袖可以「洗白」，而理由也很簡單，畢竟就他的籃球生涯來看，個性不佳、桀驁不馴一直是他從未撕下過的標籤，當然他本人也不見得在意就是了。

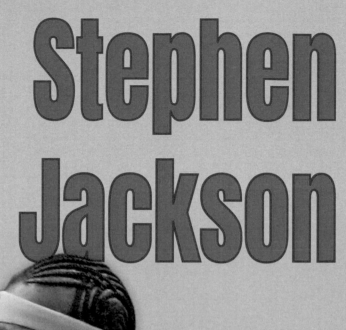

Stephen Jackson

Jackson 在休士頓出生，卻在距離休士頓約一百多公里距離的亞瑟灣成長，當他有意識時，就沒有見過他的親生父親，單親媽媽 Judyette 一個人帶著 Jackson 長大，而當 Judyette 忙於工作的時候，Jackson 就在亞瑟灣和他同父異母的哥哥 Donald Buckner Jr. 鬼混，Jackson 當然知道已經蕭條、成了黑幫集聚之地的亞瑟灣絕對不是什麼好地方，若一輩子都待在這，人生絕對不會多光彩，幸好當地人都知道，有個就像是哥哥跟屁蟲的小伙子籃球打得超好，而 Buckner 也知道，絕對要想辦法避免弟弟在這個「買槍跟買糖一樣簡單」的地方淪為社會底層。

只是終究還是在這塊區域走跳，Jackson 儘管被保護著不要碰槍炮、碰毒品，但各種街頭黑幫會發生的事還是會在 Jackson 身邊發生、也逐漸影響了他的個性。尤其在 Buckner 因為和自己女友的前男友上街「釘孤枝」卻被偷襲、Buckner 因寡不敵眾而被打進加護病房便再也沒醒過來以後，絕對力挺夥伴、寧可以暴制暴也要為夥伴出一口氣的江湖習氣還是不免成了 Jackson 人格特質的一部分。

這樣的人格特質，無疑可以解釋為什麼他會成為「奧本山大亂鬥」事件的主角之一，客觀來看，奧本山大亂鬥會發生，是從天而降的啤酒杯點燃了戰火，而 Ron Artest（現改名為 Metta Sandiford-Artest）明明重重犯了一規導致衝突，卻大剌剌躺在紀錄台上翹著腳，可能也真的有些挑釁，但在 Jackson 身上就可見，當他就是把 Artest 視為自己人、而他也真正看到自己人被欺負時，他就是會義無反顧的衝上前替自己的夥伴討公道。釀成 NBA 史上把觀眾牽扯進來的最大起衝突事件後，Artest 被禁賽整季、Jackson 被禁賽 30 場，但就算後來談起奧本山大亂鬥，Jackson 的態度依然是「我會後悔出拳打了球迷，但我不會後悔為 Artest 挺身而出」，就可見他貫徹自己原則的決心。

除了這起轟動武林的大事外，效力溜馬期間，儘管的確是球隊重要核心，但 Jackson 總是和幾個會惹出麻煩的隊友混在一起。2006 年有一次 Jackson 和隊友 Jamaal Tinsley 在夜店停車場和人發生衝突，Jackson 又為了幫 Tinsley 出頭而毫不猶豫的從車裡掏出手槍對空鳴擊，又鬧上了社會版，溜馬高層儘管可以體諒 Jackson 的動機，擺在眼前的現實卻是球迷已經無法忍受他三番兩次的脫序行為，只能把他交易到勇士。

不知是不是勇士鬼才總教練 Don Nelson 些許瘋狂正對了 Jackson 胃口，Jackson 在勇士大放光芒，並馬上成為勇士在 2007 年季後賽上演「老八傳奇」扳倒龍頭小牛與年度 MVP Dirk Nowitzki 的要角。但就在他隨著年紀走進球員精華期、而他也的確打出身價、堪稱生涯成績最好的 30 歲前後幾年，Jackson 卻有一大堆跟場上實質成績成對比、讓許多球隊都感到麻煩的場外問題。Jackson 那幾年的轉隊，都可以在場上讓球隊看到亮眼表現，但只要球隊一開始吞敗仗、或是顯然走下坡時，只想靠自己數據跟球隊要求高薪的 Jackson 就會開始耍脾氣、或是與高層在敘薪看法有衝突的情況下鬧翻，甚或在他從山貓被交易到公鹿後，更直接表示

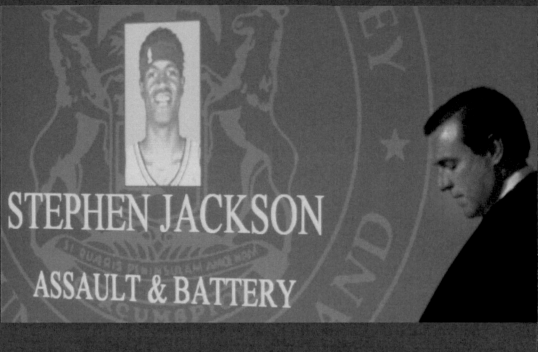

STEPHEN JACKSON

ASSAULT & BATTERY

對公鹿總教練 Scott Skiles 的不認同，以「普通大學教練」來形容 Skiles，許多言行都成了不良示範，儼然是球隊「毒瘤」級的人物。

Jackson 不是沒有技術，以他在老鷹、溜馬、勇士、黃蜂都曾繳出過的全能數據而言，就連那幾年都只有中產左右的合約也的確有些虧待，但這不能拿來護航他只要對身價不滿就會公然開砲的行為，而且他之所以無法讓球隊完全信服於他的出色表現，正是因為他一直有層出不窮的場外脫序事件，他曾有傷害罪前科，更在上廣播節目時自己坦白，說他甚至會在確認聯盟固定的幾次藥檢過後毫無顧忌地吸食大麻，而這些事情，至少確定勇士當時的總教練 Nelson 知情也默許，其實從聯盟不時就有球員因攜帶或吸食大麻而遭到懲處、或是像 Steve Kerr 承認自己會用大麻減輕疼痛等案例可見，Jackson 會呼麻絕對不是什麼秘密。

在 2020 年的社會運動中，可以想見 Jackson 絕對是因為想要力挺他視為夥伴的 Floyd，才搭著風向高舉人權、成了當下的意見領袖，但或許換個角度想，他也就只是把個性中力挺夥伴的原則再次演繹了出來而已，實際上這種性格，只能說若方向對了他就是夥伴眼中的的摯友，但若方向不對，就會成為一意孤行的莽夫，這一點在其職業生涯中，一直在重演，他也因為這些鳥事，得到毀譽參半的評價。

到頭來，只是會再次讓人想起，那一段在亞瑟灣的日子到底帶給 Jackson 什麼，或許他得到為夥伴兩肋插刀的義氣，但水能載舟亦能覆舟，一而再再而三的脫序行為，用江湖血氣造成他人困擾，也許正是他自孩提時代開始就無法改變的宿命。

Patrick Beverley

生存的
狼性本能。

小古

「我知道，他打球很髒。」Kevin Love 對於 Patrick Beverley 的評價一針見血，幾年前 Beverley 對 Russell Westbrook 膝蓋攻擊的犯規，讓球員直接受傷球季終止後，Love 挺身而出為昔日大學隊友抱不平。

Beverley 從未對那個犯規道歉，近乎毀滅式的防守動作，拚了命也要咬死對手，很多人不明白 Beverley 為什麼這麼打球？但對 Beverley 而言，那根本稀鬆平常，他不置可否說：「對我來說，帶著情緒上場，生存下去，這就是我的原則與人生。」

Hate Me

對於 Beverley，他是最典型一體兩面的那種球員，很多人看 Beverley 大概都有這種的感覺：「不擇手段，沒有後路」。這很恰如其分的呼應他的成長背景，他的媽媽 18 歲高中畢業前就懷了他，挺著大肚子勉強完成高中學業之後，和 Beverley 的奶奶努力養大孩子，他的父親呢？ Beverley 生命中根本沒存在過這角色一秒，男人搞大 Beverley 媽媽肚子之後就從沒想過什麼叫做責任。

「芝加哥來的精神。」他在快艇時期的總教練 Doc Rivers 同樣來自芝加哥，一語貫穿為什麼 Beverley 會這樣打球。如果說 Kobe Bryant 是「Love Me or Hate Me」，那 Beverley 肯定只有後者，他根本沒考慮過被人愛戴，他只知道一個只有 6 呎 1，體重不超過 180 磅的平凡條件小後衛，只有飢不擇食，上場就是拿自己的命和對手的命來拚，才能生存下去。

Beverley 的球風源自他的成長背景，他成長於混亂，治安敗壞的芝加哥西邊的黑人區，從 North Lawndale 到 West Garfield 公園，這一帶是被暱稱為「K-Town」的西區，「K-Town」之所以稱為 K-Town，是由於當地街道名都是 K 開頭而得名。貧困、治安問題、毒品、幫派、槍枝、大量失學和社會階級複製，任何你對黑人區刻板印象的標籤貼在此地都適用，有人稱之此地的「K Town」為「Kill Town」，形容這邊犯罪率居高不下。

K Town 距離芝加哥城市天際線的精華市中心，僅有 15 分鐘路程，但卻是「K Town」居民一輩子跨不過去的距離，宛如天堂和地獄的鴻溝，宛如上古神話中的窮人只能抬頭仰望巴比倫塔，Beverley 說：「我媽生下我的時候，孑然一身，身邊空無一物，她小時候告訴過我，什麼被祝福而誕生於世界上那些都是狗屎，我們想要活下去，就是去拚。」

Beverley 說：「我奶奶從小沒教我男人的樣子該是什麼樣，更遑論我媽，但我奶奶小時候常常告訴我她覺得最理想的男人，就是『教父』裡面那樣，所以我小時候蠻常看那些老義大利電影。」

Beverley 一語道出這邊的環境，他媽媽曾和毒販男友交往過，才能罩著他小時候有地方可以打籃球，因為那邊街頭球場是幫派的地盤，至少打球的時候不必擔心有人開槍打到牆上。他小時候就知道吸毒嗑藥是怎麼回事，然後知道怎麼吸毒，怎麼和幫派打交道。

一個母親和毒販交往，然後把孩子帶在身邊，期待孩子正常長大嗎？ Beverley 說：「每個人每天張嘴就要吃東西，但食物從哪裡來？對我家來說，買個奢侈品是要全家開會的大事，我們生下來沒有錢，錢從哪來？對我來說，如果沒打籃球，就是準備去賣毒品或是混幫派了。」

Kids From Killer Town

Beverley 從小就混跡芝加哥街頭籃球場,逐漸茁壯,他被擊敗,然後爬起來,挑戰比自己更強大的對手,芝加哥籃球風格和其他地方很不一樣,相較紐約的後衛喜歡傳出一次漂亮助攻,或是以華麗運球技巧折磨對手腳踝,宛如饒舌歌手 battle 要全場一面倒歡呼,讓敗者無地自容;芝加哥的後衛不一樣,他們喜歡一對一,對抗,抄球,然後把對手吃乾抹淨,乾淨俐落又不拖泥帶水,Beverley 也不例外。

曾有 NBA 球探說,Beverley 從以前就像是每天宛如最後一戰那樣拚戰,Beverley 自己則說,如果他不是成長於芝加哥,根本不可能有這麼強大的信念。「我小

時候在球場也被人晃倒過，但倒地了，就站起來，直到我贏為止。人們稱這種信念為『肩上插了木片』（美國俗諺 Chip on shoulder，意思是心中有根刺），但別人像是有木片在肩上，我像是肩上扛了一座山，我每天都帶著想證明自己的拚勁和怒氣，幫助我球隊獲勝。」

「籃球員誰不想舒舒服服打球、不必受傷，打教練認為正確的籃球，做出正確傳球，投出好球。」Beverley 說：「但碰到我？想都別想，我才不會讓你帶女生來球場，坐在場邊看你的帥氣模樣，我要折磨你，讓你碰到我那一刻，就知道今天在場上將會像是度過煉獄一樣度日如年。」

街頭出生，街頭成長，宛如叢林法則一般，想活下去，就得拚了命，他高中頂著美國世青代表隊國手光環加入 Arkansas 大學，大二那年打出成績，想一躍跳上 NBA，結果摔了個大跤，選秀會上沒人要他。那年他 20 歲，為了生活，他去海外烏克蘭、去希臘、去俄羅斯打職業籃球，冰天雪地，無人知曉，直到2012 年拿下 Euro Cup 的年度 MVP，他才拿到一張 NBA 測試的門票，從發展聯盟開始打起。

「如果我當年沒打球，大概會去販毒，變成幫派老大，然後我會超有錢。」有人問到他如果沒打籃球，當年選擇墮入街頭，他會如何？Beverley 笑說：「在那種環境，你不會怕任何事情，因為你知道最狗屁倒灶、最荒謬的危險事情就在你身邊，然後你知道那些沒人性文化的不能說的規則是怎麼回事，我們親身體驗，而且從中生存下來。」

18

樂於擔任反派。

小鐵

不只是因為那一段搞到眾所周知的感情債而已。

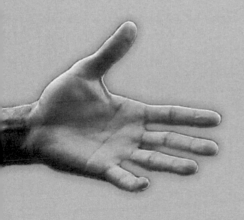

近代對於退役後的 Matt Barnes，某些人的記憶
點可能只落在他為了前妻和 Derek Fisher 眉來眼
去以至於他和 Fisher 爆發的劇烈衝突，讓當時都
在 NBA 體系任職的兩人一時成了話題，但這番
事件並非 Barnes 真正被視為麻煩份子的主因，
生涯遊走多隊、雙臂上的刺青讓他外貌看來更加
兇悍，這並非只是虛張聲勢而已。

生涯從未擔任過什麼球隊的主戰核心，Barnes 還能在 NBA 打滾 14 年、待過九支球隊，固然證明他是各隊教練會信賴的綠葉，然而換個角度說，在他生涯裡一直不乏像 DeAndre Jordan 所述「我真的很恨他，直到我和他成了隊友」這種評價。以隊友來說這是肯定，以對手來說，卻說明了所有站在 Barnes 對面的人都很難給他什麼好臉色。

曾有一位不具名的前 NBA 助教以「他是一個真的會想在球場上打架的球員」形容 Barnes，在 Barnes 退役前不久、NBA 三十隊隊職員做過的投票中，Barnes 僅次於 Matthew Dellavedova、Steven Adams 和 Andrew Bogut 被評為第四髒的球員，主要評價多半是「除了兇狠且動作過大的犯規外，Barnes 上了場就不會讓場子太乾淨」之類。

Barnes 在球場上如此凶悍的原因可能受到交互影響，身為一個黑人父親與白人母親的兒子，他從小就能理解圍繞在種族之間的隔閡，黑人與白人之間儘管逐漸開放但始終存在的距離，讓他從小就知道要捍衛自己家人的立場、不讓自己

受委屈，五歲就踢足球，早早在街頭接觸各項運動賽場，Barnes 也了解唯有在球場上強悍才能生存，更讓他確信這樣信念的，是他接觸籃球後觀看到的聯盟生態，雖然在加州出生、長大，但映入 Barnes 眼簾的是活塞壞孩子、是尼克 Charles Oakley 和 Anthony Mason 建構的肌肉前場，「這才是男子漢的籃球。」Barnes 是這麼深深相信著。

加州球員見過太多天之驕子，或者說了解洛杉磯球隊的在地球迷都知道紅花對於運動圈的重要性，但也正因為職業運動文化深入在地，Barnes 深知在天之驕子旁邊還要有更多替球隊赴湯蹈火的硬漢，而這就是他站在球場上最大的目的，不論是否如他所言「會把隊友當成家人一樣捍衛」，但只要一上場，你很明確能感受到 Barnes 就是教練指派上場要影響、阻斷、或者說摧毀對手某個進攻環節的人。

2008 年當 Barnes 還在太陽時，曾因為自己主動為了避免 Rafer Alston 影響他防守 Tracy McGrady 的路線而推了 Alston 一把，並在 T-Mac 出手後似乎早有準備的迎接和 Alston 之間的衝突；2013 年身為快艇一員時，他因為 Serge Ibaka 對 Blake Griffin 的多餘動作而加入混戰、並笑笑的說出幾句話後就讓 Ibaka 把拳頭轉向他；2016 年 Barnes 已轉至灰熊，和公鹿中鋒 John Henson 衝突而讓後者吞下第二次技術犯規被驅逐出場後，Barnes 還會因為不滿 Henson 離場時對主場觀眾的鼓譟，而在賽後衝往更衣室要找對手理論。

在季後賽的高張力中，更無法忽視 Barnes 的存在。在場上，2007 年初嚐季後賽滋味的他就在勇士的流寇部隊中擔任惹毛對手的角色，當年最悶、最後也被勇士完成「老八傳奇」的 Dirk Nowiitzki 多年後曾婉轉的說「每一次看到 Barnes，我都要想辦法讓自己冷靜」。後來在魔術、湖人、快艇、灰熊，Barnes 也都是季後賽強硬對決的保鑣，甚至在 2015 年對火箭的季後賽系列中，他因為聽到場邊一位婦人對他的嘲諷，直接以更難聽的髒話回擊，即使事後他才想到不應

如此對場邊觀眾口出惡言，也無法改變他在場上就是如此凶悍的事實。（而該位婦人其實是 James Harden 的母親）

對於這些行為與評價，Barnes 樂於接受，甚至也不一定有意願去改變，他曾在短暫和 DeMarcus Cousins 當隊友的半季裡勉勵過小老弟：「我們的名聲有好有壞，在我的生涯裡，壞名聲甚至一直跟著我，也改變了我的評價，但只要相信自己正在做對球隊有幫助的事，這就沒什麼大不了的，改變自己的心態，面對自己應該做的事就好。」在 2016 年的專訪中，斗大的「No Apoligies」標題說明了他對於自己所有評價的不悔，在 Chris Palmer 的筆下，自信、愛恨分明的 Barnes，就跟他家裡兩個分別繡著「Fuck You」和 Fuck Me」字樣的抱枕一樣直接、淺白，而無比凶悍。

的確，包括 Chris Paul 在內，都曾在和 Barnes 當隊友時給予稱讚，Kobe Bryant 也在 Barnes 成為自由球員後主動招攬，讓人不禁對當年 Barnes 一度想在發界外球時嚇唬 Kobe 而後者不為所動的片段投以莞爾，或許 Barnes 真的是個很值得信賴的隊友，但超過百次的技術犯

規、32 次惡性犯規、12 次被驅逐出場，不論行為或言詞，Barnes 都無庸置疑和「惡」比較接近。

場上使壞，Barnes 在場外也不安寧，在他職業生涯的最後一年，還會在紐約夜店惹事，捲入一起三級襲擊與妨礙公務案，當時甚至還有女性受害者表示 Barnes 對她動粗，讓 Barnes 的事蹟再添一筆。儘管在法庭上，Barnes 的辯護律師宣稱 Barnes 是因為對方先動手才回擊，他只是出於自保才會捲入衝突，但最終在經過審訊後，Barnes 還是認罪並接受判決。而更知名的事件則無疑是他和 Fisher 之間的情感糾葛，當時 Fisher 已和前妻離婚，Barnes 和老婆 Gloria 還只是分居狀態，但當 Barnes 聽到 Fisher 和 Gloria 約會時則大為光火，從 Santa Barbara 飆車回洛杉磯的家中揍了 Fisher 一頓，事件爆發後 Barnes 遭到聯盟禁賽，但後來受訪時 Barnes 則直言從不後悔賞 Fisher 這一頓粗飽，至於後來 Fisher 酒駕撞壞 Barnes 名下的車子這件事，則替這兩人的火花再增添一些插曲。

Barnes 並非什麼口蜜腹劍或知人知面不知心的雙面人，從外表到內在，他都擺明著當個惡棍，在場上的強悍或許可以說是為了球隊而不擇一切手段，但不論是他在衝突中多餘的肢體動作、衝突後刻意的算帳，到球場外依舊有許多脫序行為，他自己可能認為是忠於自我，但也必須接受外界將他貼上「惡漢」的標籤。

19

Vernon
Maxwell

瘋狂麥斯。

Balvino

> 「我知道我是個壞人，或者應該說，很多人都覺得我是個壞人。」
> 「但我不在乎別人對我有什麼看法。」

有句話是「天才與瘋子只有一線之隔」，1990 年代，效力火箭的 Vernon Maxwell 是陣中十分重要的瘋狂射手。而人稱「瘋狂麥斯」（Mad Max）的他在不同人眼中，也有著天才與瘋子的差別。

對某些隊友來說，Maxwell 是一名無所畏懼、具備能夠改變球場氣氛能力的球員。

一名國王隊的工作人員，就曾說 Maxwell 是個有趣的好隊友。高中時期的教練 Rick Swain 也替 Maxwell 緩頰，說他雖然有脾氣，但有在學如何控制，更何況大多好球員都是或多或少有一點脾氣的人。即使不是最優秀的領導者，但每當球隊需要他時，Maxwell 總是能帶領大家走出難關。

但對某些遭到波及的受害者而言，Maxwell 就像是一條不知何時會咬人、不知會做出什麼事的瘋犬。

球場之外，他曾經因拒絕支付子女撫養費、把皰疹病毒傳染給別人、攜帶毒品、槍械而上過新聞，也曾經在與隊友 Carl Herrera 打鬥時，拿啞鈴擊中對方，甚至還想走去車上拿槍。而在轉戰超音速後，更因與 Gary Payton 發生爭執，在打架時令無辜的隊友遭受到池魚之殃。這次的凶器一樣是啞鈴，擲出的啞鈴打中試圖勸架的 Horace Grant，導致他肩膀受傷缺席了下一場比賽。

在球場上，Maxwell 的個性一樣火爆。火箭時期的隊友 Kenny Smith 說過，Maxwell 在一場比賽中曾經警告在他的防守下仍能輕鬆得分的 Michael Jordan 不要再用蔑視防守者的方式投籃，結果在 Jordan 依然故我地以同樣的方法得分後，Maxwell 便真的動手槓上了對方。

在奧本山大亂鬥發生的九年前，Maxwell 犯下 NBA 生涯中最嚴重的一樁惡行。在與拓荒者的比賽中，他爬上了觀眾席，越過 12 排座位、長驅直入到看台深處，揮拳攻擊球迷 Steve George 的下巴。

Maxwell 之所以會失控，根據本人說法，是因為對方嘲笑他流產的太太。Maxwell 氣憤地表示，對方根本不知道自己在說什麼，如果還有第二次，他還是會這麼做。不過 George 宣稱這根本胡扯，何況他自己當時還有一個三歲的兒子，十分能夠體會喪子之痛。

也因為遭到了 Maxwell 的全力一擊，George 分別向 Maxwell 與火箭求償 140 萬與 340 萬美金。有趣的是，雖然畫面顯示 George 在 Maxwell 揮拳後倒地，但後者卻只承認自己雖然想揍人但其實揮空了。

幸好，在諸多說法都沒有共識的情況下，雙方最終還是達成了和解，才沒有造成更大的傷害。事實上，最終 Maxwell 也只遭到禁賽 10 場與罰款 20000 美金的處罰，相較於日後 Ron Artest 所受到的嚴厲制裁，已可說是十分輕微。

在惹出這個麻煩後，隨後又發生另一個事件，終結了 Maxwell 職業生涯中最輝煌的火箭時代。1994-95 年球季，火箭交易來 Clyde Drexler，直接衝擊到 Maxwell 的先發位置。Maxwell 對於球隊中的這項變動極為不滿，他直接挑明，直言 Drexler 固然是名偉大的球員，但過往的努力與表現已經證明自己才該是先發球員首選，因此如果不能先發，那還不如另謀高就。

在那段期間，由於陣中傷兵累累、彼此的出賽時間暫時互不影響，Maxwell 也說不想在這種時候再引起什麼騷亂；然而當缺陣球員逐漸回歸、上場時間的排擠效應逐漸發酵時，他便按捺不住自己的脾氣。

隨著火箭進入季後賽，Maxwell 仍然難以接受 Drexler 先發的安排，於是在打完第一場比賽後，便向球隊告知自己有腿傷、不克出戰，球隊也因此讓他無限期離隊。結果事後在一場慈善高爾夫賽中，Maxwell 居然自曝其實腿傷是瞎掰，他不想出場比賽。火箭獲知此事後，當然就此與 Maxwell 分道揚鑣。而在離開休士頓後，Maxwell 再也沒能在一支球隊待超過兩個球季。

結束球員生涯後，Maxwell 依然十分活躍。與人鬥爭的戰場轉移到了網路上，猶他州人則成為最常被他砲轟的對象。

在各種時事發生的當下，他總是能找到機會嘲弄幾句。像是因疫情流行、美國人對亞裔族群的仇視日漸升溫時，Maxwell 便在 twitter 上呼籲大家「不要再恨亞洲人了，讓我們繼續恨猶他州人」。而在首富 Elon Musk 買下 twitter、全世界的鄉民開始掀起一股 Musk 應該再把什麼買下來的潮流時，Maxwell 也跟風表示「Musk 應該買下 NBA 並把爵士踢出聯盟，會這麼說不是因為排擠猶他州，而是因為看到他們球迷年復一年傷心欲絕的失望讓我很難過」。

Maxwell 之所以這麼痛恨猶他州，是因為當地球迷的垃圾話不僅飽含種族歧視，更攻擊了他的家人。「你攻擊這些你不認識的人、也就是我的家人的時候，就已經越界了。」Maxwell 說，「我不希望一個人把四個孩子拉拔長大的媽媽被別人汙衊。你可以攻擊我，可以批評場上表現、試圖干擾我在打球時的情緒，這 OK，隨便你怎麼講。但炮口不要對準我的家人，你這麼做就是在挑戰我的底線。」

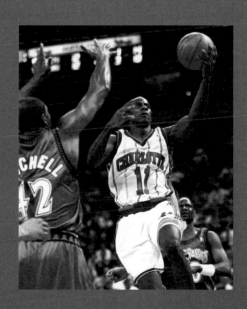

可以預期，Maxwell 的瘋狂，以及與猶他州之間的戰鬥，還會在未來持續下去。

Allen Iverson

20

始終做自己。

小鐵

一切應該先從 1993 年 2 月那一天講起。

漢普頓市位在維吉尼亞州，一個被稱作「半島」的區域上，是美國現存最久的「英語使用者群聚地」，主因無他，因這裡是當初英國移民到美利堅大陸上最早的落腳處之一，當然，當初黑奴送往美國時，也有很大一部分在漢普頓下船，長年演進下，在漢普頓居住著許多以純正英格蘭血統自豪的白人，同時也有許多群聚於此的有色人種勞動階級，讓城市內許多角落看起來都像是有色人種的聚落。

白人因為社經地位，掌控了漢普頓地區 80%的經濟，但黑人群聚的結果，讓漢普頓雖有些區域像是貧民窟，但也富含街頭文化以及運動血液。Iverson 和只比他大 15 歲的媽媽Ann，就居住在漢普頓，他們母子和其他親戚住在一間下雨就可能會淹水的房子裡，所幸比起其他黑人孩子，Iverson 得以讓媽媽 Ann 或其他親戚報以一點希望，因為他

接觸了運動，而且雖然以運動員來說，他的身材明顯屬於非常瘦小的族群，卻無法掩蓋他渾身的天賦。

1993 年，Iverson 是漢普頓地區知名的高中運動明星，就讀伯特利高中的他，剛帶領學校美式足球校隊和籃球校隊雙雙拿下維吉尼亞州冠軍，而 2 月 14 日那天晚上，Ann 和以往一樣，認為兒子只是又去外頭鬼混而夜歸，但一週後卻傳出 Iverson 被逮捕、起訴的消息，據說就是當地難解的種族問題，Iverson 被指控在衝突中攻擊一位白人女性，該女性有完整的驗傷證明，但能作為當時事件證明的影片不論是否以 1993 年的技術來看都十分模糊，真要說完全能指控就是 Iverson 出手，恐怕也沒人敢掛保證，只是畢竟當天 Iverson 的確和友人約在衝突爆發的保齡球館，平時在學校儘管因為運動天賦與成就而被肯定，但的確課業不佳且被認為交友不當，總之就是個有點麻煩的學生，因此事件爆發後，沒有多少人敢為他平反。

這個事件當時引發軒然大波，但由於牽涉到種族議題、Iverson 身為當地知名運動明星背後的商業價值等等，討論很快就失了焦，以至於在近三十年後的現在，我們依然只能從少許有意討論的隻字片語的紀錄片中去稍微揭露一些皮毛，事情真相究竟為何一直沒有公開，我們唯一能確定的是，Iverson 從原本眾人擁戴的體壇明日之星，變成入獄服刑的階下囚。雖然事後維吉尼亞州長給予 Iverson 特赦，讓他重新求學（他並未返回伯特利高中就讀，而是進入某個

學習中心），至少脫離了監獄。但原本來自全美的大學球探跑了大半，最終他在取得高中同等學歷後，加入始終對他保持興趣的喬治城大學。

我們無法確定 Iverson 在近三十年前的那一天絕對有施暴，但我們可以確定的是 Iverson 從學生時期就不算太潔身自愛，就他自己的說法以及喜愛他的球迷的觀點來看，這的確可說是他忠於自我、對自己信任友人的忠誠，然而換個角度，他始終無法擺脫三教九流的接觸，總是會以自我為出發點，也始終沒辦法遠離麻煩。

進入 NBA 之後，2001 年七六人開季戰績就狂飆，Iverson 在明星賽、例行賽都拿下 MVP，再加上他領獎時尋找總教練 Larry Brown 的發言得到好評，七六人也在 Iverson 帶領下直闖總冠軍賽、還賞給當年看起來如大魔王般的湖人唯一一場季後賽敗績，這一切都讓他形象大為洗白，但就在名利雙收的 2001 高峰期之後，隨著七六人聲勢慢慢下滑，Iverson 的負面消息也一個個出現。

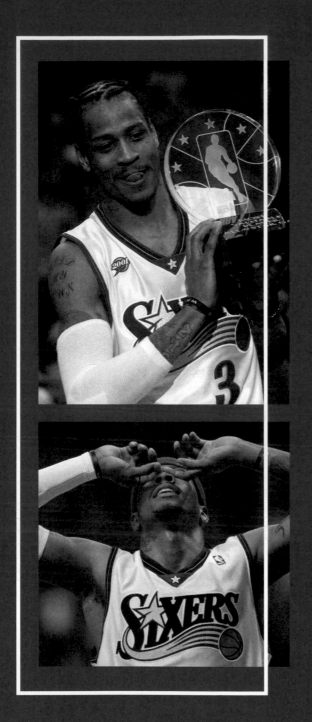

2002 年，Iverson 和總教練 Brown 出現分歧，Iverson 在一次受訪中高聲抱怨教練指責他對訓練的態度，他多次強調「訓練」這個字眼也成了當時茶餘飯後的話題，後來讓 Brown 教練負氣轉執活塞教鞭，連老神在在的如來佛 Brown 都鬥不過 Iverson，七六人後來幾任資歷較淺的總教練更不可能管得動這個孫悟空，2003-04 球季，也就是 Brown 離職、Randy Ayers 接手的第一季，所有人都看得出來七六人的團隊氣氛和先前完全不能比，而 Iverson 對看起來無所作為的 Ayers 也顯然不買單，Ayers 被解僱後，Iverson 依然沒有信服於新教練 Chris Ford 的樣子，他曾因為缺席練球而被禁賽，因傷休兵之後也不願接受 Ford 要他先從替補出發的決定而拒絕出賽等等。

2005 年季中交易截止日前，有意打散原本五虎陣容的國王找上七六人，將前些年全盛時期的主將 Chris Webber 交易到七六人，原先就有江湖習氣的 Webber 來到費城很快和 Iverson 建立交情，但這也讓 Iverson 再次「原形畢露」，臭味相投的兩人場上一起奮戰、場下一起交誼，甚至也一起遲到甚至缺席訓練，在 2006 年包含感謝主場球迷儀式在內的主場例行賽最終戰，Iverson 和 Webber 直到賽前才抵達主場，總教練 Maurice Cheeks 直接宣布兩位大爺當天不會被登錄出賽，這顯然也說明了球團已經不像往年把 Iverson 當成神主牌一樣尊敬，而隱含了分手的可能。

2006-07 球季開打沒多久，七六人就把 Iverson 送到金塊，說明了球隊邁向未來的藍圖上，已經不會再有這個曾經的「費城之子」，沒了七六人的母隊光環，Iverson 也失去任何容許他脫序行為的包容，在被金塊又交易至活塞後，他甚至也明顯不在球隊重視的前幾順位，2009 年他和灰熊只簽了一張底薪約，只打了三場就傳出他不滿球團指派他擔任替補球員的身份，很快他的合約就被灰熊提前終止。2009 年 12 月他和七六人簽約，重返這座讓他成名的城市，但因為各種個人因素，自知無法全心打球、無法和球團合作的 Iverson 主動解約，自此再也沒有在 NBA 出賽過。

我們的確可以肯定，以瘦小的身軀製造巨大能量，Iverson 的確是21 世紀初費城重要的圖騰、許多球迷擁戴的偶像，但我行我素的個性讓他始終無法完全被球隊掌握，即使不討論聯盟顯然針對他而起的「Dress Code」事件，Iverson 在七六人時期就不時出現的負面消息，在離開費城後也多次發生，這都反映了他「始終做自己」所帶來的困境。

21

不再沉淪。

Balvino

1980 年代，Micheal Ray Richardson 曾經是被「大鳥」Larry Bird 認證為僅次於 Magic Johnson 的控球後衛。但只不過在 NBA 中待了短短八個球季，他的 NBA 生涯便因毒品而突然地劃下了句號。

在接受《運動畫刊》（*Sports Illustrated*）採訪、分享自己戒毒經歷時，Richardson 曾信誓旦旦地表示：「關鍵是你想成為贏家還是想當個放棄的輸家。」「我是個贏家，我會繼續打籃球，」Richardson 說，「直到他們把我趕出去為止。」

這時的他或許沒有料到，在這句話見報後僅僅過去一年左右的時間，Richardson 被趕出去的那一天便悄然到來。1985 年，在某個聖誕派對

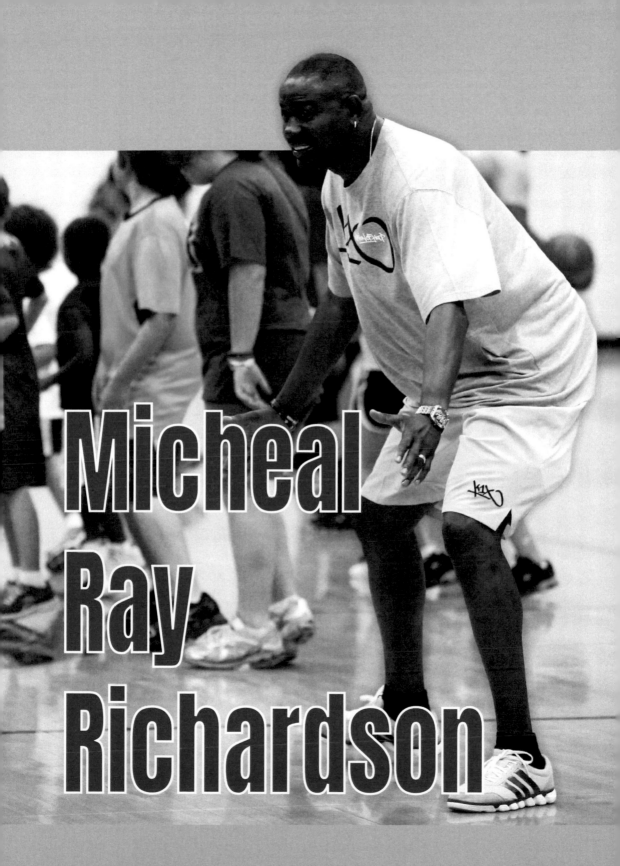

Micheal
Ray
Richardson

狂歡慶祝後，和隊友續攤，去另一間酒吧喝酒。這成為他出事前最後一次出現在大家眼前的畫面，Richardson 缺席了接下來出戰子彈隊的投籃練習與比賽，甚至連續好幾天，連妻子都不知道他的去向。

過了幾天，Richardson 的經紀人 Charles Grantham 才終於接到電話。Richardson 告訴經紀人，自己需要幫助。隔天他在兩名 NBA 藥物顧問的陪同之下就醫，並因此檢測出吸食了古柯鹼。

自 1978 年首次接觸毒品以來，Richardson 已經五度在戒毒中心接受過長期治療。而這也是他在聯盟的禁毒條例於 1983-84 年球季生效後，第三次被檢測出古柯鹼的陽性反應。最終，Richardson 也因此成為在該規範正式啟用後，第一位被聯盟禁賽的現役球員。

Buck Williams

「這是我第一次對 Richardson 無言以對。」他的好友兼隊友 Buck Williams 難過地說，「他總是跟我說他永遠不會再吸毒了。」

可以理解 Williams 為什麼如此難以接受，畢竟不久前，Richardson 才簽了一份四年 300 萬美金的新合約，甚至還與 NBA 錄製了一段禁毒影片。對照他早前在《運動畫刊》中的表態，更令一切都顯得無比諷刺。

Richardson 的麻煩不只是吸毒，他對財務管理也一竅不通。據說在 1978 年選秀

會中雀屏中選後，便買了一輛勞斯萊斯，之後一共買了 16 輛豪車。在金錢上毫不節制的他曾在五年之內聘請過七名財務代理人，但依舊積欠了各種債務。因此在轉戰西區後，甚至曾經為了躲避債主而不願隨隊前往東區進行客場之旅。

有句話是「可憐之人必有可恨之處」，反之亦然，在成為 NBA 的黑名單之前，Richardson 之所以會走到這一步，也有可憐之處。他雖然在蒙大拿大學（University of Montana）待了四年，但自承只是為了打籃球才上大學，據說連英語都說得不太流利。對此經紀人表示，這孩子剛從大學畢業，就接觸到了壞朋友與毒販的吹捧，也就這麼在花花世界中誤入歧途。「我沒有想幫他找藉口，但他只是這個世界的縮影，不論是在高中、大學還是職業球壇中，都有很多人可能會成為下一個受害者。」

吸食毒品並因此自我毀滅的球員在那個時代不勝枚舉，許多球員在接觸到毒品後，落得了入獄甚至猝死的下場。Richardson 與他們有所不同，雖然沒能重返 NBA，被貼上「因吸毒而被 NBA 放逐」的標籤，但積極接受治療的他為了尋求自我救贖，不僅在接下來的 16 中前往世界各地延續自己的籃球生涯，更為了推廣自己在籃球方面的所知所學，以及幫助許多年輕球員與孩子不要步上後塵，而前往各地不同的聯賽執教，甚至舉辦訓練營。「我無法拯救每一個孩子，但能幫一個是一個。」Richardson 說。

事實上，Richardson 的執教經歷也可以說是間接帶給台灣籃壇些微的影響。Richardson 曾在 2011 至 2014 年間執教加拿大聯賽的倫敦閃電隊（London Lightning），並留下在 2012、2013 年連霸的成就。而日後接任閃電隊總教練、現在則來到夢想家執起教鞭的 Kyle Julius 便曾表示自己研究過這兩年的輝煌歷史。Julius 也認為，閃電隊在 Richardson 的帶領之下，懂得如何打團隊籃球，因此成為一支全員皆兵的隊伍。如今，這也成為了他接掌夢想家兵符的理念。

 David Stern

Richardson 的 NBA 職業生涯始於尼克隊。

1997 年 10 月，在公牛前往巴黎進行季前賽時，Richardson 也獲得了 NBA 的邀請，得以在觀眾席上觀看這場比賽。而在這一天，Richardson 遇到了時任聯盟總裁的 David Stern，也就是將他禁賽的關鍵人物。但對於 Stern，Richardson 心中不僅沒有怨懟，甚至還充滿了感激之情。

「我坐在他旁邊，親自感謝這位救命恩人，」Richardson 說，「聽到後，總裁眼睛都亮了起來。雖然是他親手結束我的 NBA 生涯，但我並不恨他。而我們從那時起，也有了更多、更密切的交流。」

1981-82 年球季，當時在尼克的 Richardson，曾經在受訪時針對尼克的困境說出一句名言：「這艘船正在下沉。（The ship be sinkin.）」而拿他說的這句話用來形容他在那些年的日子，也稱得上是恰到好處。當時的隊友

Mike Gminski 曾經形容他的狀況就像是個「病入膏肓的親戚」，雖然期待他能有所好轉，但同時也在內心深處為無可避免的事態做好準備。值得慶幸的是，Richardson 的 NBA 生涯雖然被判了幾乎同等於死刑的處罰，但他並沒有再像一艘泥船般繼續向下沉淪，而是活出了嶄新的人生。

22

Danny Ainge

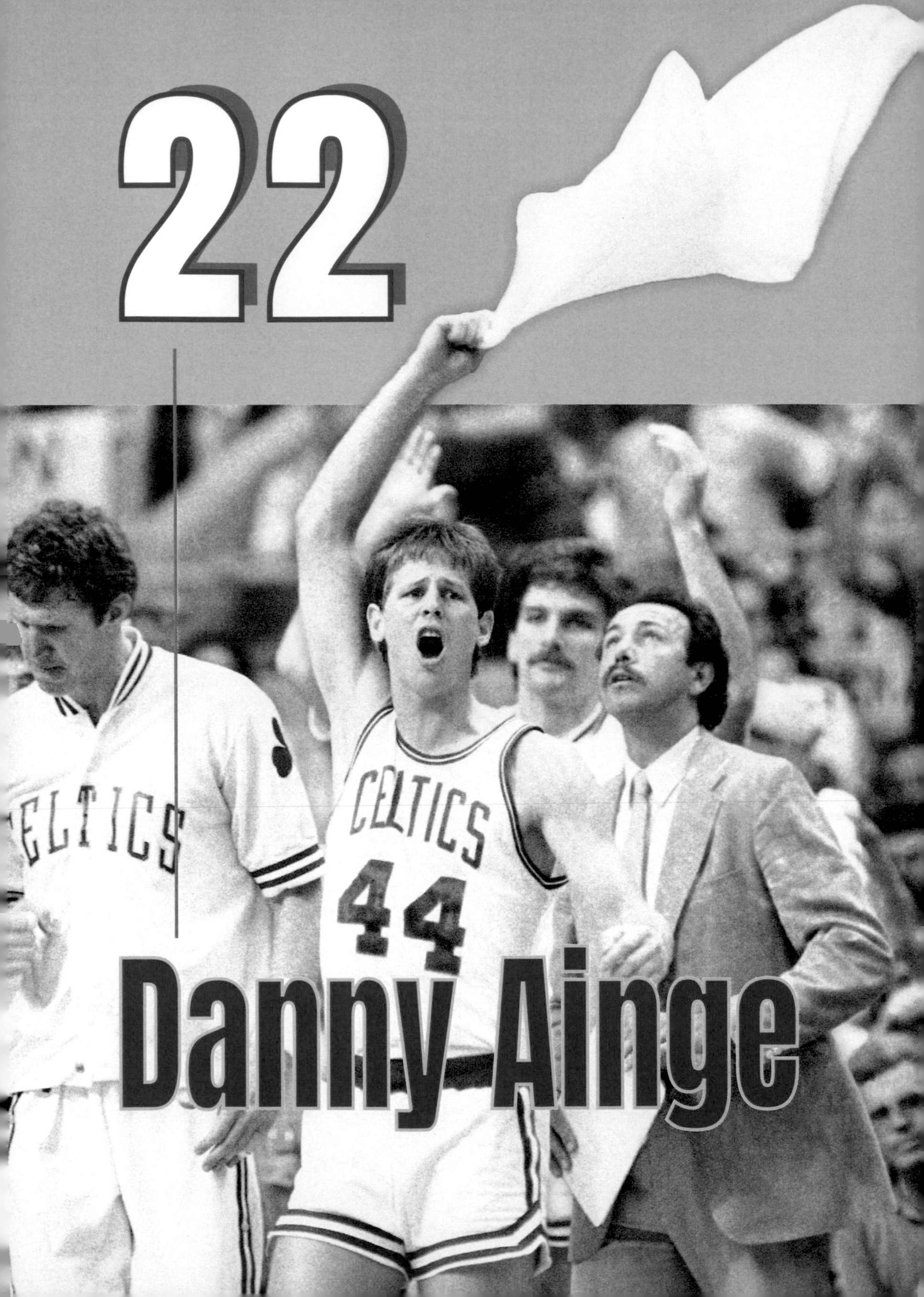

強硬，一如既往。

Balvino

1987 年東區決賽，在比賽移師底特律進行時，效力塞爾蒂克的 Danny Ainge 看到場邊許多球迷穿上了印著「我恨 Ainge」字樣的上衣。Ainge 不但沒有生氣，甚至還向球迷要了一件，並在熱身時穿上了它。

身高 6 呎 5 吋的 Ainge，長得就像個隨處可見的乖乖牌白人學生。但其實他從小一直是個強硬且經常激怒對手的球員，彷彿從來不懂得退縮。Ainge 曾經自述，在高中美式足球隊中擔任四分衛時，就曾經收到別人的死亡威脅。而在某次跟一支球隊的啦啦隊長約會時，還被妹子警告說，有人拿出了 1500 美元的獎金，要發給讓他沒辦法上場比賽的人。

Ainge 強硬的性格，在球場上惹出不少事端。除了曾經與 Michael Jordan 在場上起爭執、用球狠砸 Mario Elie 之外，Ainge 在球場上引發的最大衝突，就是與 Tree Rollins 的大戰。

Rollins 在灌籃得手後，Ainge 先是給了一拐，據說還罵了聲娘娘腔。前者怒氣沖沖地回過頭來，此時 Ainge 便衝向前去，擒抱雙腳將他撲倒在地，也讓一場混戰隨之展開。而在一片混亂之中，Rollins 咬了 Ainge 的中指，事後醫生得縫好幾針才能把傷口完全縫合。

Ainge 事後指出，自己會做出這麼明顯的挑釁，是因為在掩護時有過多的肢體碰撞。在從板凳上看到有位隊友被撞暈了一秒後，才決定出手討回公道。事後 Ainge 並沒有要反省的意思，甚至告訴記者，職業美式足球新英格蘭愛國者隊的教練應該要請自己去教他的球員如何擒抱才對。

被咬的 Ainge 並沒有因此獲得太多同情，惡名昭彰在外，兩個星期後又被時任公鹿總教練的 Don Nelson 直批一心故意要傷害麾下球員，是個「擅出賤招的小人」（cheap shot artist）。

「我覺得尼老是想讓密爾瓦基和 NBA 的球迷在當下把矛頭指向我，這招奏效了。」Ainge 沒有因此改變作風。「我覺得我一直是別人的眼中釘，到了塞爾蒂克也是一樣。」Ainge 回憶，「這支球隊愛恨分明，球迷不是愛它，就是恨它。不過被別人噓也不是什麼新鮮事，所以這影響不了我的。」

值得一提的是，故我的 Ainge 穿上了「我恨 Ainge」上衣的舉動，反而拉近了與許多球迷之間的距離。不過即使是在褪下球衣、坐上擘劃球隊的位置後，Ainge 也沒有改變過強硬性格。

Ainge 追求成果、不近人情的作風，在好幾年前就透露出跡象。1988 年的聖誕節，當總裁 Red Auerbach 表示球隊不會交易 Larry Bird 與 Kevin McHale 換回年輕球員時，Ainge 便直言球隊該扣下扳機，趁這些昔日傳奇還有交易價值時換點東西回來。

「我記得 Ainge 曾經跟我說，絕對不會犯 Auerbach 的錯誤，絕對不會默默地看著主力球員年華老去而無所作為。」體育作家 Jackie MacMullan 回憶道。

Ainge 在 2002 年加入管理層後，在 2007 年達成了替球隊引進 Ray Allen 和 Kevin Garnett 的交易。事後 Ainge 自述，隊內某個投票有九成的人反對以 Al Jefferson 作為交易籌碼。「但最重要的，只有最後的成果會說話。」而這筆義無反顧的交易，也替他們贏得了 2008 年的總冠軍、終結 21 年的冠軍荒。

事實上，Ainge 在 2011 年也曾說過，如果能在三巨頭的遲暮之年和 Auerbach 一樣有機會拿告別巔峰的球星換回有價值的資產，他絕對不會猶豫。最終，即

使留下了如此輝煌的成果，親手拆散三巨頭的人，也是 Ainge 自己。

Ainge 的無情作風也可以說是果斷，他判斷球員的眼光受到業界的肯定，但冷血作風也在球員之間傳了開來。尤其在塞爾蒂克交易 Isaiah Thomas 後，球員們更直批高層對待球員根本毫無忠誠可言。也因此傳出一句名言：「如果交易價值合理，Ainge 連他老媽都能拿來當作籌碼。」

而 Ainge 步步進逼的態度，也讓有些球隊將他列為拒絕往來戶。某球隊的高層便透露，已經不願意再與塞爾蒂克談交易，因為 Ainge 就像買菜還硬要老闆多送一把蔥的奧客，會盡可能從交易夥伴身上多挖一點球員或選秀權。最後，這些負面印象也傷害到了球隊。

隨著塞爾蒂克在 2021 年的季後賽首輪遭到籃網淘汰，Ainge 也因為綠衫軍近年戰績停滯不前而請辭，結束多年來的賓主關係。而 2022 年加入爵士的他，又會帶給新東家什麼影響？或許，許多人也正在等著看。

憤怒蠻牛。

小 鐵

儘管兩個事主本人在多年後對於這起嚴重衝突的反應都算得體，傷
人的表示悔意、受傷的也不再如當年強硬，但也許這些善意都來
得太晚，又或者說，在這兩人釋懷之前，這些「惡」的標籤，早
已長時間貼在事主身上無法抹滅，並足以使其列名這些惡漢之內。

事情發生在 1977 年 12 月 9 日，洛杉磯湖人在主場迎戰休士頓火
箭，身為湖人隊上的苦工球員，Washington 一直都是天王明星中
鋒 Kareem Abdul-Jabbar 的最佳護衛，他原本就是湖人陣中負責
衝搶、卡位、做些藍領工作的角色，當天也不例外，從比賽一開
始，Washington 一貫的努力爭搶失球，只是隨著比賽的進行，所有
人都發現，儘管可以想像這種激烈禁區內對峙容易出現的畫面，但
Washington 和幾個火箭球員的對抗，似乎逐漸產生火花。

23

Kermit
Washington

火箭替補中鋒 Kevin Kunnert 當天第二節和 Washington 顯然槓了起來，在湖人後衛 Norm Nixon 一次出手沒進後點燃了引信，當時 Kunnert 搶到了這記籃板，並傳給隊友 John Lucas 進行攻守轉換，只是這次爭搶籃板的過程已經「遠超過平時的對抗」，連 Jabbar 也感受到隊友的不滿而勸架以致捲入衝突，當火箭已經攻至前場，Jabbar、Kunnert 和 Washington 還在中場附近時，衝突就此爆發，Kunnert 和 Jabbar 發生推擠，Washington 馬上扯住 Kunnert 的褲子，三個人的糾纏已經不可收拾，當湖人、火箭球員發現三人的衝突而衝往事發現場時，意外就此發生。

「我回過神，只感受到劇痛，然後摸摸鼻子，發現鼻子斷了。」火箭前鋒 Rudy Tomjanovich 事後這麼說，而在僅存的影片中可以看見的是，Washington 似乎意識到有人靠近當時的衝突現場，他一回頭，就是一拳打在 Tomjanovich 臉上，Washington 這一拳，當然把衝突再擴大，兩隊有更多球員參與其中，挨打的 Tomjanovich 倒在地上，Washington 則被火箭球員團團包圍，殺紅眼的 Washington 顯然沒這麼善罷甘休，根據 Tomjanovich 事後描述，他在回休息室的途中看見 Washington，當他想釐清事發經過時，Washington 依然大聲咆哮，完全無助於溝通。

事後，臉部嚴重受創、連主治醫生都形容「像是他從未看過的車禍重傷」的 Tomjanovich 因此整季報銷，而 Washington 則被 NBA 處罰禁賽 60 天、其中包含 26 場比賽，是當時 NBA 祭出最多場次的禁賽罰則（這個紀錄直到 20 年後才被 Latrell Sprewell 的鎖喉事件禁賽 68 場給刷新），而除了等待申訴懲處的下一

| Rudy Tomjanovich

場比賽之外，Washington 再也沒有替湖人出賽過，他沒有得到湖人內部任何成員的支持，最終被交易到世仇塞爾蒂克的陣中。

由於當時的資訊內容已經完全把這場衝突推移到 Washington 這嚴重的一拳，Washington 夫婦飽受非議，他的太太 Pat 曾反應，那陣子看見他們的人都視他們夫妻如瘟疫，當時 Pat 有孕在身，但婦產科醫生竟因為「她是 Washington 的太太」而拒絕為她服務，當 Washington 被交易到塞爾蒂克後，這對夫妻甚至要住在飯店內一直等到禁賽期滿，盡量減少與外界的接觸。

Washington 如此行為或遭遇，也許可以追溯至他的童年生活，在他小時候父母經常吵架，在一次激烈衝突後父母離異，原本 Washington 和哥哥的撫養權在媽媽手中，但後來媽媽被診斷出抑鬱症，Washington 兄弟又回到爸爸身邊，卻顯然得不到繼母的關愛，自此 Washington 在親戚間被丟來丟去，直到他的曾祖母接手管教。

內向的 Washington 能感受到曾祖母的愛，但她實在太嚴格了，讓 Washington 也不敢完全放開心胸，在親戚之前不被認同，更讓 Washington 的情緒武裝、防衛色彩無比巨大，或許如此強烈的保護自己，才能真正讓他感到安心。也因此，Washington 的求學生涯一直不算順利，成績總是糟糕，主因在他痛恨跟學校的任何人交往，乃至於痛恨學校的一切事物，總是被各科老師拖到暑期輔導才能把成績拉到合格，這種在學業上的糟糕表現，一直到他高中遇到一個終於給他正面回饋的生物老師 Barbara Thomas，Washington 才在 Babara 鼓勵下至少對生物學產生興趣、並至少願意努力唸生物，而「學校」對 Washington 來說終於不再是一無可取的環境，他也終於因為開始接觸校隊運動而有了一點改變，然而他在校籃球成績不算出色，只是又遇到伯樂，也就是當時剛轉去私立美利堅大學執教的 Tom Young，才一步步開啟他的籃球路。

籃球啟蒙來得晚，加上不善交際，Young 設定給 Washington 的工作，就是義無反顧的苦工，每一場比賽 Washington 都在和對手的前場糾纏，肢體衝突根本是家常便飯，強大保衛心態的 Washington 的確有理由、也因這特質成為球隊想要的守護者，但當對抗升溫、肢體動作太大時，衝突的升級

就是遲早的事而已。後來在被稱為「The Punch」的嚴重衝突後，Washington 先後轉戰塞爾蒂克、聖地牙哥快艇、拓荒者以及在退休五年後竟又被勇士找回來打了六場，但就像是禁賽期滿後首度作客火箭主場時，Tomjanovich 婉拒兩隊教練希望兩人在賽前握手言和的尷尬，Washington 在聯盟裡的每一天，都沒有得到什麼正面的評價。

禍不單行的事還在後頭，在 2018 年、也是 Washington 真正退出 NBA 的 30 年後，Washington 又被美國海關執法、國土安全局及國稅局的調查部門共同查出事端。Washington 成立的基金會打著要幫助非洲弱勢族群的大旗，卻把捐款納為己有、並且盜用人頭、甚至詐領保險理賠金等等，最終 Washington 被判處六年徒刑，目前仍在牢獄當中，去年的 70 大壽也在牢裡度過。

也許可以同情 Washington 的偏激個性、偏差行為是來自於幼年時期欠缺的關愛，但我們卻不能否認 Washington 在場上各種粗暴動作、過於防衛心態導致的刻意惡行，儘管髒活的確是籃球場上的一環，但過於大動作令對手惱火，則絕對會被歸類為場上的惡行，難以包容。

24

惡棍鬼見愁。

小古

「John Brisker 是那種感覺一不對勁，就會到包包裡面拿槍，然後一槍把你開下去的那種人。所以我們都蠻怕和他吵架，誰知道下一秒他會不會突然脾氣一來就失控了。」Charlie Williams 說：「但除此之外，他還算好隊友啦，至少很挺自己人。」

如同傳說一般，1969 到 1970 年的 ABA 球季，6 呎 5 吋（195.58 公分），210 磅，渾身精肉的惡棍 John Brisker，降臨到職業籃壇，如同一陣旋風，吹起一陣傳說。

John Brisker（右一）

Wendell Ladner（右一）

1970 年代，一名記者寫到的 ABA 聯盟曼菲斯職業者（Memphis Pros）隊的前鋒 Wendell Ladner 是聯盟最強悍的球員，Wendell Ladner 以一介白人，身高 6 呎 4（193.04 公分）、體重 220 磅（約 99.8 公斤）主打前鋒，是 1970 年代 ABA 最著名的迷你內線之一，他生涯前兩個球季繳出平均 15.5 分、10.7 籃板，在當時強悍禁區對抗中殺出一片天，幾度和對手發生肢體衝突也沒在怕，還曾撲救一顆沒有球權的球，直接撞上場邊大型的玻璃飲料桶，當場頭破血流，被當時記者喻為「不知道什麼叫做害怕的男人」。

當時才剛入行的 John Brisker 聽了很不以為然，有一次作客到曼菲斯，Brisker 屢次進攻擺明搞事，賽前，他跑到曼菲斯的休息室外叫囂：「我聽說你很能打，你要不要現在和我打一架，還是要等比賽後？」

Wendell Ladner 沒理他，比賽開始，同位置的他守不住 Brisker，整場被他轟了三十分，但比賽打到後來，誰知道 Brisker 得理不饒人，在意的不只是輸贏，不只是場上勝負，竟然在贏了的面子情況下，一拐子朝 Wendell Ladner 身上招呼，Wendell Ladner 被他幹倒，但第一下他沒反應過來發生什麼事，隨後 Brisker 又在球場另一端攻擊了他第二次，Wendell Ladner 跳起來，直接衝向 Brisker，據當時的隊友說，要抓住他們兩人，和阻止兩頭正在鬥牛的公牛差不多難。

據說這場鬥毆被稱作是「ABA 的重量級冠軍戰」，激烈可見一斑。球隊為了他，聘請了一個美式足球員，目的不是當球員，而是當保鑣，處理 Brisker 那難以收

敏的脾氣，不過一次衝突，Brisker 又和那個美式足球員吵起來，氣到保鑣大喊：「我去拿我的槍！」，Brisker 也不甘示弱：「我也要拿我的，來幹一場啊！」

因為 Birsker 實在太惡名昭彰，有許多球隊都對他恨之入骨，甚至當時達拉斯矮樹叢的總教練 Tom Nissalke 賽前會議就拿出五百美元重賞：「誰能第一個自願上去搞倒 Brisker，就能拿這五百美元。」，後來猶他星辰隊甚至推出了主題日「Brisker 的恐嚇之夜（John Brisker Intimidation Night）」，當時球賽用拳擊手和一個穿著 Brisker 球衣的黑人準備雙手朝腰際拔槍當招牌，然後當晚，星辰隊真的找了五名拳擊手當保安。

如果論才氣，John Brisker 絕對是一流的，他從 Toledo 大學還沒念完就被趕出去，因為行為失控，他加入當時還雄心勃勃的 ABA，第一個球季就打出 21 分、5.7 籃板，接下來兩個球季，他成了那個世代最兇悍的球員，29.2 分、9.5 籃板、3.4 助攻，入選 ABA 年度第二隊。

1972-1973 年，他因為 ABA 的驚人表現，引起 NBA 的西雅圖超音速隊注意，當時超音速換上新總裁兼總教練——傳奇球星 Bill Russell 掌大權，他們亟需要補充戰力，於是花了上百萬美元把他買來，當年大概是等同是半個「Dr. J」Julius Erving 的價格，當時球隊小弟的菜鳥 Slick Watts 回憶，Brisker 等同和當年隊上日後獲選名人堂的 Spencer Haywood 一樣，屬於「Big Dog」，出入開著黑頭賓士，象徵黑人地位翻身。

但 Watts 對他的印象，除了能得分，能搶籃板，還有永遠忘不了的：能幹架，不單是幹對手，連自己人都打。Watts 說，他對 Brisker 印象除了黑頭車之外，是四顆牙齒。

怎麼說四顆牙齒？一次練習，Brisker 和球隊 6 呎 8（203.2 公分）的長人 Joby

| Bill Russell

| Spencer Haywood

Wright 卡位，當時推擠很兇，很多超音速球員都目擊這一幕，有人說 Wright 先出拐，有人說 Brisker 出拳，但都是同一個結果，下一秒看到 Wright 四顆牙齒飛出去，然後 Wright 下巴被 Brisker 打個粉碎，所有人都看傻眼，直到救護車把人載走，Russell 才要大家回家去，練習中止。

當然，羅馬不是一天造成，Brisker 也不是到了職業才闖出名堂，但因為他太有才華，兇悍，全能，當年和他同樣來自底特律的 Spencer Haywood 說：「如果放到現在，他可能是脾氣會失控的 LeBron James，只是那個年代還沒作好準備接受這種超時代的全能天才，他也沒管住他自己。」

有人說之所以 Brisker 變成 Brisker，來自於失能家庭，以及底特律街頭近乎叢林法則的生態，之所以沒橫死街頭，是因為他過人的籃球天賦，但也因為籃球天賦，讓他目中無人，無法無天，他從沒管住自己的脾氣，只短暫的讓自己的天賦嶄露在職業場上，他誰也不服，誰也不讓，對他來說他的規則就是一切，他像暴君，但是只能獨善其身。

Russell 也對他印象很深，因為就連 Russell 也管不動他，他曾一再向 Russell 保證他會管好他自己。當他正常的時候，他可以一場比賽拿下 47 分，但他正常狀態比月圓還難得，最後 Russell 忍了他三年，終於趕人送客，Russell 想把他送去其他球隊，但已經太惡名昭彰，聯盟內沒人敢接。1975 年，他被踢出聯盟，年僅 27 歲。

在那個通訊不太發達的年代，Haywood 和 Brisker 斷斷續續保持聯絡，他說有時候 Brisker 會帶來一堆有關非洲文化的書籍和非洲傳統服飾當禮品拜訪他，Haywood 始終不太清楚他在做什麼，Brisker 只說他常拜訪非洲，然後探索尋根。

但在 1978 年 4 月，Brisker 打電話給當時剛為他生下女兒的女友，他說他要去非洲幹一筆「大買賣」，從此人間蒸發。

有一傳聞，美聯社 1980 年曾撰寫一篇文章，說 Brisker 是去當時狂人獨裁者阿敏（Idi Amin）掌權的烏干達，擔任傭兵，最後被阿敏軍隊逮到。Watts 說：「有人告訴我，他被帶到阿敏面前，然後他表現大不敬，身上還在獨裁者面前被搜出一支槍，然後就被處決了，不過，這終究是傳說。」

Marvin Barnes

準備好收到
「壞消息」了嗎？

Balvino

Marvin Barnes 職業生涯中最光輝的一刻，出現在 1975 年 ABA 季後賽的首輪第二場比賽。擊敗 Bobby Jones 與 Moses Malone，在當晚獲得了年度最佳新秀的獎座。效力於聖路易斯靈魂隊（Spirits of St. Louis）的 Barnes 在比賽中迎戰衛冕軍紐約籃網與兒時偶像 Julius Erving 時更毫無懼色，不僅攻下 37 分、17 籃板，還與隊友合力將「J 博士」封鎖到僅有 6 分進帳，幫助球隊以 115 比 97 擊敗籃網，最終更以 4 勝 1 負的結果晉級第二輪。

「在這幾個夜晚中，有時就連『J博士』也沒有比 Barnes 還耀眼。」資深球評 Bob Costas 回憶。如果 Barnes 能夠成為一名貨真價實的超級球星，那麼這場比賽就會成為傳說的起點。但遺憾的是，早在於職業球壇上打響名號之前，他的壞事早已傳遍千里，這也是他為什麼會有個廣為流傳的綽號──「壞消息」（Bad News）的原因。

Barnes 在高中時期就在籃球場上嶄露頭角，曾被《普羅維登斯日報》（*The Providence Journal*）評為當地最有天賦的籃球選手。但在贏得州冠軍後，馬上闖下大禍。和一夥少年里幫試圖公開打劫一輛公車時，居然就穿著那件繡有州

冠軍字樣與自己名字的紀念外套，因此很快就被警方逮到。來到普羅維登斯大學就讀後，他在練球時因與隊友相互推擠得太過激烈，發生爭執時拿了撬輪胎用的結實鐵桿攻擊對方。在法庭上認罪之後除了得賠償受害者一萬美金，還得接受緩刑的判決。

只是 Barnes 逃過一劫後，最終還是沒有閃掉入獄服刑的命運。1976 年 10 月，當時效力活塞的他在底特律機場被發現持有槍械被捕。即使供稱槍枝為同行的女性友人所有、試圖撇清槍枝所有權，還是因違反緩刑規定，被送往羅德島州立監獄服刑 152 天。

除了上述的違法行為，Barnes 在場上與場下的違規更是不勝枚舉。不過，時任活塞總經理的 Oscar Feldman 基於惜才心理還是願意給他機會，甚至還願意提供專業財務人士的諮詢，來調節他的債務。「他已經道歉了，」Feldman 說，「已經為他犯下的一切錯誤向我道歉，我相信他是真心誠意地悔改。」

然而這番話聽在 Barnes 效力過的前東家耳裡，千言萬語都只能化作一抹苦笑。「他是個會道歉的好人，本性其實不壞，」當時是靈魂隊老闆的 Donald Schupak 說，「他每次都會道歉，但隔天依舊在練球時遲到。」

在靈魂隊執教過 Barnes 的 Rod Thorn 更是感同身受。遲到、缺席，對他來說是家常便飯。「他就是這樣的人。他覺得如果自己不去練球，還是能在球場上橫行無阻、表現得比其他人更好的話，為什麼還要守規矩？」

有一天，球隊班機預定在早上 5 點半起飛，Barnes 直接挑明表示這個時間太早，自己絕對沒辦法準時到。沒有準時出現的他為了趕赴比賽，必須直接包機殺到現場。在賽前會議，正當教練團準備放棄他時，他突然推開休息室大門，並以超人換裝的姿態拉開自己的上衣、露出自己的球衣，告訴大家別擔心，一切都在掌握中。而即使這傢伙根本沒時間練球、比賽都已經開打後才從場邊拎起球衣就上場，當天晚上還是攻下了驚人的 53 分。

「坐飛機簡直會要了 Barnes 的命，」Costas 回憶，「在效力靈魂隊的這兩年，球隊大概搭乘過 15 班在早上八點從聖路易飛往肯塔基比賽的班機，但他從來沒有跟大家一起行動過。有一次注意到班機預訂 8 點從路易斯維爾起飛，但由於時差關係，飛機在 8 點之前就會在聖路易著陸。見此班表，他竟當眾宣布：『我才不搭時光機，我是絕對不會搭上任何一班會讓我回到過去的飛機的！』」

對於自己為人處世的作風，Barnes 曾經留下了一句經典名言：「我是名籃球選手（basketball player），不是個和尚。我玩（play）女人，也玩時裝、名車，無所不玩。有人是玩家，也有人是玩物。玩家就是把弄這些玩物的人，而我就是一名玩家（player）。」

就如同這幾位早已吃過苦頭的「前輩」預料，Barnes 轉隊後的態度依然故我。但由於有著驚人的天賦，還是會有球隊想在他身上賭一把。「除非他犯下了重罪。」教練 Thorn 這麼說。

最後，Barnes 確實因為自己的罪行，走上了自我毀滅的路。《普羅維登斯日報》的記者 Bill Reynolds 指出，Barnes 曾經問過自己吸古柯鹼是不是會傷害腦細胞，而在得到「人們的確如此口耳相傳」的回答之後，他居然大放厥詞表示：「那我在開始吸毒前一定是個天才。」

Barnes 曾經承認，在效力塞爾蒂克時曾在比賽進行中坐在板凳席把毛巾套在頭上吸古柯鹼，因此隊友們都刻意坐得離很遠。當時他心裡也很清楚，自己的職業生涯，甚至生命也不會太長。「我心想，我一定會死得早、死得快，那既然人生苦短，當然要盡情享樂。」Barnes 曾經如此表示。

在 28 歲應屬球技巔峰期時，他就離開了 NBA，由於理財習慣太差，所以在聖地牙哥等地過著顛沛流離的生活。也因為如此，痛定思痛後他透過治療與宗教信仰的幫助而幡然醒悟，回到家鄉幫助年輕人，希望藉由自身經歷敦促他們不要重蹈覆轍。2014 年，Barnes 過去的發言一語成讖，在 62 歲便與世長辭。不知在臨死之際，他是否曾經想過要搭上一班時光機，改寫自己走偏的人生？

釀生活42　PE0201

 NBA惡漢列傳

作　者	小古、小鐵、Balvino
編　審	大強
照片提供	美聯社（達志）授權
責任編輯	鄭伊庭
圖文排版	莊皓云
封面設計	王嵩賀

出版策劃	釀出版
編輯企畫	品焞有限公司
製作協力	小馬工作室有限公司
製作發行	秀威資訊科技股份有限公司
	114 台北市內湖區瑞光路76巷65號1樓
	電話：+886-2-2796-3638　傳真：+886-2-2796-1377
	服務信箱：service@showwe.com.tw
	http://www.showwe.com.tw
郵政劃撥	19563868　戶名：秀威資訊科技股份有限公司
讀者服務信箱	service@showwe.com.tw
展售門市	國家書店【松江門市】
	104 台北市中山區松江路209號1樓
	電話：+886-2-2518-0207　傳真：+886-2-2518-0778
網路訂購	秀威網路書店：https://store.showwe.tw
	國家網路書店：https://www.govbooks.com.tw
法律顧問	毛國樑　律師
總 經 銷	聯合發行股份有限公司

出版日期	2023年1月　BOD一版
定　價	490元

讀者回函卡

國家圖書館出版品預行編目

NBA惡漢列傳 / 小古, 小鐵, Balvino合著. -- 一版. -- 臺北
市 : 釀出版, 2023.01
　　面；　公分. -- (釀生活)
BOD版
ISBN 978-986-445-761-8 (平裝)

1. CST: 職業籃球　2. CST: 運動員　3. CST: 傳記

781　　　　　　　　　　　　　　　　111021161